ZHONGGUO GONGYE
CHANNENG GUOSHENG
DUI QIYE CHUKOU XINGWEI DE YINGXIANG YANJIU

中国工业产能过剩
对企业出口行为的影响研究

葛海燕 ◎ 著

中国财经出版传媒集团
经济科学出版社
Economic Science Press
·北 京·

图书在版编目（CIP）数据

中国工业产能过剩对企业出口行为的影响研究 ／ 葛海燕著. -- 北京：经济科学出版社，2024.12.
ISBN 978 - 7 - 5218 - 6556 - 1

Ⅰ. F752.62

中国国家版本馆 CIP 数据核字第 2024T3T477 号

责任编辑：白留杰　凌　敏
责任校对：王肖楠
责任印制：张佳裕

中国工业产能过剩对企业出口行为的影响研究

ZHONGGUO GONGYE CHANNENG GUOSHENG DUI QIYE CHUKOU
XINGWEI DE YINGXIANG YANJIU

葛海燕　著

经济科学出版社出版、发行　新华书店经销
社址：北京市海淀区阜成路甲 28 号　邮编：100142
教材分社电话：010 - 88191309　发行部电话：010 - 88191522
网址：www. esp. com. cn
电子邮箱：bailiujie518@ 126. com
天猫网店：经济科学出版社旗舰店
网址：http：//jjkxcbs. tmall. com
北京联兴盛业印刷股份有限公司印装
710×1000　16 开　9.75 印张　160000 字
2024 年 12 月第 1 版　2024 年 12 月第 1 次印刷
ISBN 978 - 7 - 5218 - 6556 - 1　定价：39.00 元
（图书出现印装问题，本社负责调换。电话：010 - 88191545）
（版权所有　侵权必究　打击盗版　举报热线：010 - 88191661
QQ：2242791300　营销中心电话：010 - 88191537
电子邮箱：dbts@ esp. com. cn）

中国自计划经济向社会主义市场经济转型过程中，产品过剩、产能过剩问题也相伴而生。近年来，中国的工业产能利用率始终在较低水平徘徊，且许多行业的产能过剩问题十分突出，毫无疑问，产能过剩仍然是当前中国经济的主要结构性问题之一。与此同时，中国出口贸易迅速发展，但复杂多变的国内外环境对中国企业出口活动产生了较大冲击，出口增速趋缓，出口产品质量发展现状也不尽如人意，"中国制造"仍然代表的是低价格与低质量。那么，中国工业产能过剩的形成根源是什么？产能过剩会对微观企业的出口活动带来怎样影响？中央出台的产能调控政策是否有助于改善企业的出口产品质量？

本书在产能过剩理论与异质性企业贸易理论的框架下，利用工业企业数据与海关数据，分析产能过剩形成的根源、经济影响以及治理效果。具体地，首先基于2000~2007年中国工业企业数据库测算作为产能过剩反向代理指标的产能利用率并分析其特征，进而对总量产能利用率进行静态与动态分解，以探究产能过剩的形成根源；其次剖析行业产能过剩对企业出口二元边际的影响机制，并在此基础上进一步构建计量模型进行实证检验，证实产能过剩对微观企业的影响效应；最后基于中国工业企业数据与海关数据的匹配样本，利用双重差分模型考察产能过剩治理政策对企业出口产品质量升级的影响。本书的主要发现有：

第一，中国工业总体产能利用率呈现缓慢上升趋势，但总体水平不高，且其变化历程并不具有明显的顺周期性。此外，不同行业、地区以及企业的产能利用率呈现出显著的差异化特征。同时，产能利用率提升主要依赖于企业自身水平提高；产能利用率较低的（存活）企业占据了较多生产要素；新进入市场的往往是产能利用率较高的企业；退出企业的产能利用率总体上高于存活企业平均产能利用率，导致"逆淘汰"现象，市场退出机制存在扭曲；企业进入退出行为总体上提升了产能利用率，并没有导致产能过剩固化问题；资源再配置总效应的贡献率为负，这主要是由存活企业间资源错配导致的。

第二，行业产能过剩显著抑制了正常企业的出口行为，是造成企业出口疲弱的重要原因之一。机制检验表明，产能过剩通过融资约束效应和技术钳制效应对行业内正常企业的出口产生抑制作用。进一步研究发现，产能过剩会导致行业内正常企业长期采取"低价跑量"的出口竞争模式，且调节机制表明 FDI 开放和金融市场化有助于缓解行业产能过剩对正常企业的出口抑制效应。

第三，产能调控政策显著提升了企业出口产品质量，但作用效果存在一定时滞性，且这一效应因企业所有制类型、产品范围、贸易方式、地区金融市场化程度、市场整合程度以及行业资源错配程度的不同而具有明显差异性。进一步研究发现，产能调控政策通过内源融资能力、创新水平与企业资源错配程度对企业出口产品质量产生作用，但其并没有优化信贷资源配置。

本书较为深入地考察了中国工业产能过剩及对企业出口行为的影响，这不仅丰富了产能过剩与异质性企业贸易理论内容，也有利于寻找产能过剩治理的"釜底抽薪"式方法，为如何缓解产能过剩负面影响提供有益的思路与政策支持，对推进供给侧结构性改革与提升出口产品质量提供重要政策参考。

葛海燕

2024 年 9 月

目 录

第1章 绪 论

1.1 研究背景、研究目的与意义

1.1.1 研究背景

自计划经济向社会主义市场经济转型过程中，产品市场从供不应求向供过于求转变，随之出现了"产品过剩"，并且这种过剩逐渐由产品生产领域蔓延至投资领域，便出现了产能过剩。截至目前，中国先后出现了三次大规模的产能过剩：第一次出现在1998~2001年，主要是由亚洲金融危机等周期性因素引发的产能过剩；第二次出现在2003~2006年，主要是由投资过热等非周期性因素引发的产能过剩；第三次出现在2009年以后，主要是由国际金融危机和政府过度刺激投资等周期性和非周期性因素共同引发的产能过剩（卢锋，2010；王文甫等，2014）。近年来，中国的工业产能利用率始终在较低水平徘徊[①]，且许多行业的产能过剩问题十分突出，毫无疑问，产能过剩仍然是当前中国经济的主要结构性问题之一[②]（郭克

---

① 国家统计局公布的数据显示：中国经济进入新常态以来，工业产能利用率总体上呈现"倒V"型波动变化；2014年中国的工业产能利用率为75.6%，并于2017年达到峰值，为77%，到2020年则下降至74.5%。按照钟春平和潘黎（2014）、张林（2016）的划分标准，进入新常态以来，中国工业产能利用率始终处于中低度水平，2020年更是处于严重产能过剩区间。

② 为了有效治理中国的产能过剩问题，2020年6月12日，国家发展改革委、工业和信息化部、国家能源局、财政部、人力资源社会保障部、国务院国资委联合发布《关于做好2020年重点领域化解过剩产能工作的通知》，要求"各地区、各有关部门按照党中央、国务院关于供给侧结构性改革的决策部署"，"持续推动系统性去产能、结构性优产能"，并强调要着力化解钢铁、煤炭、煤电行业的过剩产能；2021年1月11日，习近平总书记在省部级主要领导干部学习贯彻党的十九届五中全会精神专题研讨班开班式上强调，要坚持深化供给侧结构性改革这条主线，继续完成"三去一降一补"的重要任务。

莎，2019；史丹，2020；Reynolds and Pohlman，2021）。

与此同时，中国抓住全球化的历史机遇，利用不断完善的投资环境和要素成本优势，通过加工贸易等模式积极参与国际产品分工，推动了出口贸易的迅速发展（刘志彪，2012）。特别地，自加入 WTO 以来，随着贸易壁垒的削减与自由化程度的不断提高，中国的出口总额从 2001 年的 2661.5 亿美元增加到 2008 年的 14306.9 亿美元，年均增长率高达 27.16%。但随后，复杂多变的国内外环境对中国企业出口活动产生了较大冲击，出口增速开始趋缓，2012 年之后出口增速下滑至 10% 以下。毋庸置疑，出口贸易的快速增长在增加就业岗位、提高人均收入、促进技术升级等方面显现了重要作用（张川川，2015；李建萍和辛大楞，2019）。但也需注意到，中国出口贸易的增长主要依赖"以量取胜"，在质量和效益等方面与美国、德国等贸易强国有较大差距（谢申祥等，2018）；中国距离实现贸易强国的目标仍有较大距离（毛海涛等，2019）。

深入分析可以发现，中国经济发展历程中的一些时期内，企业出口增速下滑是与较为严重的产能过剩相伴随的。那么，这两者之间是否存在某种关联呢？事实上，产能过剩作为一种非期望的投入产出状态，是经济系统低效运行的重要体现，其最直观的表现是产能过剩行业/企业/产品与非产能过剩行业/企业/产品之间的结构失衡，典型的如低端产能过剩与高端产能不足并存，而其背后则是资源配置结构的低效。基于产业组织理论中的"结构—行为—绩效"分析范式，产能过剩的结构性失衡会对企业出口行为产生重要影响（Cavusgil and Zou，1994；符大海和唐宜红，2013）。当前，受新冠疫情的冲击，中国的经济形式变得更加复杂，而且国际经济形式也愈发波谲云诡。为了应对复杂严峻的国内外形势，有效推进中国经济的高质量发展和贸易强国建设，党中央提出要加快形成以国内大循环为主体、国内国际双循环相互促进的新发展格局。由于产能过剩是国内经济循环受阻的重要表现形式，其长期存在必然会影响中国参与国际经济循环的程度和质量。因此，只有深入挖掘中国产能过剩的形成根源，才能找出化解产能过剩的原始起点，畅通国内大循环。进一步地，中央出台的产能调控政策是否有助于改善企业的出口产品质量？从化解产能过剩着手疏通国内大循环的堵点能否提升和优化国际大循环？这些都是亟须分析的问题。

1.1.2　研究目的与意义

基于上述分析，结合产能过剩相关理论与异质性企业贸易理论，选取中国工业企业数据与海关数据系统考察上述问题。本书研究目的包括：

（1）在梳理产能过剩测算方法的基础上，利用中国工业企业数据与拓展成本函数法测算中国工业企业产能利用率（产能过剩的反向代理指标），从工业总体、行业、地区以及企业维度总结了工业产能利用率的演变趋势与一般性特征，并对总量产能利用率进行静态与动态分解，以探究产能过剩形成的根源。

（2）在"结构—行为—绩效"分析范式下，同时结合异质性企业贸易理论，分析行业产能过剩对中国企业出口决策和出口规模的影响机制，并据此提出相应研究假设，构建计量模型对此进行实证检验，进而量化了行业产能过剩对企业出口二元边际的微观影响。

（3）分析产能调控政策对企业出口产品质量的影响机制与效果，并据此提出相应研究假设，构建产能调控政策对企业出口产品质量影响的计量模型，试图证实从化解产能过剩着手疏通国内大循环堵点以提升国际大循环水平的论点。

（4）依据规范分析与实证分析得出的主要结论，结合中国的现实情况，提出提高中国工业产能利用率、促进企业出口发展的相关建议，并为推进供给侧结构性改革与出口产品质量提升提供理论依据。

本书的研究意义在于，从理论意义上，一是补充了产能过剩形成根源的文献。大多数已有文献从市场或非市场因素中的某一方面着手研究，忽视了产能过剩的根源所在。通过对总量产能利用率进行静态与动态分解，从资源配置这一本质研究产能过剩的形成根源。二是丰富了产能过剩与企业出口行为两者关系的理论内容。目前将产能过剩与企业出口行为纳入统一框架的经验研究较少，且这些少数文献在两者关系的判断上仍然存在分歧。从企业出口二元边际视角研究产能过剩的微观影响，从企业出口产品质量着手评估产能调控政策效果，这些内容从产业经济学与国际贸易学角度深化了对两者关系的认识，为以后的相关研究作出了有益探索，同时也是对异质性企业贸易理论的有益补充。

在新冠疫情重创生产生活、国内经济之后，贸易保护主义抬头与逆全球化趋势日益明显，以及构建新发展格局的背景下，本书的研究显得更具现实意义。一是有利于厘清中国工业产能过剩的相关事实，探究产能过剩的形成根源，进而力图寻找产能过剩治理的"釜底抽薪"式方法。二是有助于深化对出口疲软与产能过剩并存困境的理解，为如何缓解产能过剩的负面影响提供有益的思路与政策支持。三是有助于深化对产能调控政策效果的认识，为推进供给侧结构性改革与出口产品质量提升提供重要的政策参考，以畅通国内大循环来提升国际大循环水平。

1.2 研究思路、研究内容与方法

1.2.1 研究思路与研究内容

本书试图结合产能过剩相关理论与异质性企业贸易理论，并利用中国工业企业数据与海关数据，分析产能过剩形成的根源、经济影响以及治理效果。具体来看，首先对产能过剩理论、异质性企业贸易理论以及两者关系的文献进行梳理与归纳；其次利用中国工业企业数据测算出企业产能利用率，并对其进行描述性分析，总结出中国工业产能过剩的演变趋势与一般性特征，接着通过静态与动态分解，探究产能过剩的形成根源；再次分析行业产能过剩对企业出口二元边际的影响机制，并在此基础上进一步构建计量模型进行实证检验，剖析产能过剩对微观企业的影响效应；从次实证分析产能调控政策对企业出口产品质量的作用效果；最后得出本研究的主要结论，并据此提出政策启示。根据以上研究思路，本书由六章组成（见图1-1）。

第1章，绪论。主要围绕研究背景、研究目的与意义，研究思路、研究内容与方法，以及可能的边际创新与不足展开论述。

第2章，文献综述。主要包括以下三个方面：一是归纳了产能过剩概念界定与测算、形成原因、危害、治理及其效果的相关研究；二是综述了企业出口二元边际与企业出口产品质量的相关研究；三是梳理了产能过剩对企业出口行为的相关研究；最后是对既有研究进行了简要评述。

第3章，中国工业产能过剩的多维分解与形成根源：基于产能利用率

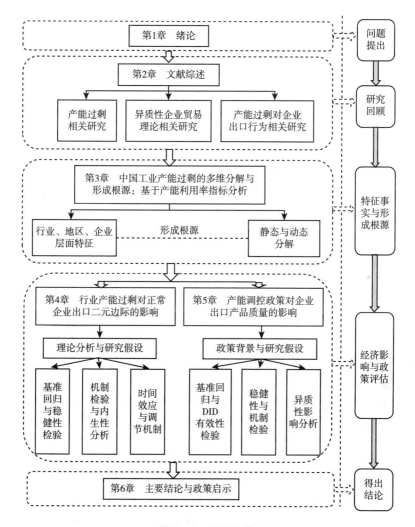

图 1-1　组织结构

指标分析。首先，借鉴范林凯等（2019）的产能利用率测算框架，运用拓展成本函数法测算中国工业企业产能利用率，并利用超越对数成本函数法与考虑折旧的修正生产函数法作为对比；其次，从工业总体、行业、地区以及企业维度总结了工业产能利用率的演变趋势与一般性特征；最后，对总量产能利用率进行静态与动态分解，以探究产能过剩形成的根源。

　　第4章，行业产能过剩对正常企业出口二元边际的影响。以正常企业（非过剩企业）为样本是出于以下考虑：一方面，从既有的产能过剩对企业出口的文献来看，其研究结论呈现不一致性，这表明行业产能过剩对不同企业可能会有不同的出口效应，因此研究两者关系时需要考虑企业异质性；另一方面，根据文中测算结果，2000～2007 年，数量占比 60.31% 的正常企业，其出口额占行业总出口额的 78.92%，这表明正常企业才是中国出口的主力军，要深入了解产能过剩对中国企业出口的影响机制，需要把研究对象集中于正常企业。在分析行业产能过剩影响正常企业出口的机理基础上提出研究假设，并构建计量模型，利用第 3 章测算的产能过剩指标，实证检验行业产能过剩对正常企业出口的影响。研究发现，产能过剩的加重会显著抑制行业内正常企业的出口倾向和出口规模；行业产能过剩会通过融资约束和技术钳制两条途径影响正常企业出口；进一步对正常企业出口规模进行分解，发现产能过剩会导致行业内正常企业长期采取"低价跑量"的出口竞争模式；调节机制检验发现，FDI 开放和金融市场化能缓解行业产能过剩对正常企业出口的抑制效应。

第 5 章，产能调控政策对企业出口产品质量的影响。基于 2000～2008 年中国工业企业数据与中国海关数据的匹配样本，利用双重差分方法从出口产品质量视角探究产能调控政策的作用效果。结果发现，产能调控政策显著提升了企业出口产品质量，但作用效果存在一定时滞性；经过平行趋势、预期效应、安慰剂等有效性检验，以及改变对照组选取方法、两期估计、替换因变量等稳健性检验之后，主要结论仍然成立。作用机制检验表明，产能调控政策通过内源融资能力、创新水平与企业资源错配程度对企业出口产品质量产生作用，但其并没有优化信贷资源配置。异质性分析发现，产能调控政策的出口产品质量提升效应主要体现在非国有性质、多产品与一般贸易企业；高金融市场化与高市场整合程度地区以及高资源错配程度行业。

第 6 章，主要结论与政策启示。主要是对全书进行总结，得到主要结论，并据此提出政策启示。

1.2.2 研究方法

本书综合运用系统方法研究中国工业产能过剩的形成根源、经济影响以及治理效果，坚持定性与定量、理论与实证相结合，以保证研究结论的合理性与可信性。具体而言，研究方法如下：

（1）文献分析法与交叉分析法。通过查阅和研读国内外相关学术文献，归纳总结大量有关产能过剩与异质性企业贸易理论的文献资料，在此基础上确定了本书的研究主题。与此同时，由于经济学科具有学科交叉属性，能够融合不同学科的研究范式，推动以往被本学科忽视领域的研究，因此本书将产业经济学与国际贸易学相交叉，这样可以打破从单一学科切入中国问题的研究范式，立足一个新的视角考察中国工业产能过剩问题。

（2）规范分析与实证分析。归纳与总结了产能过剩与异质性企业贸易理论的相关文献资料，在此基础上通过逻辑推演对中国工业产能过剩形成根源、经济影响以及治理效果的内在影响机制进行规范分析，并据此提出研究假设。还采用中国工业企业数据与海关数据等微观层面数据进行实证分析以验证研究假设，极力做到客观描述事物间的联系，从而做到了将规范分析与实证分析相结合。

（3）异质性分析方法。为全面考察中国工业产能过剩的形成根源、经济影响以及治理效果，多处运用了异质性分析方法。在分析产能过剩的典型事实与形成根源时，区分了重工业与轻工业、沿海与内陆地区、国有企业与非国有企业、大规模与小规模企业；在研究行业产能过剩对企业出口的影响时，以正常企业为研究对象；在考察产能调控政策对企业出口产品质量的作用时，按照企业所有制属性、是否单产品企业、企业贸易方式、地区金融市场化程度、地区市场整合程度以及行业资源错配程度进行分样本分析。通过异质性分析能够揭示两者之间影响效应的差异性，进一步分析这种差异性的来源能够极大丰富本书的研究内容。

（4）综合运用多种计量方法。为了保证研究结论的可靠性与可信性，按照研究内容的不同，采用多种计量方法进行验证。在实证分析中使用了Probit 模型、面板固定效应模型、Heckman 两步法，另外考虑到可能存在的内生性问题，还运用了工具变量法、构造准自然实验等方法；在评估政策效果时，使用最多的是双重差分模型。

1.3　可能的边际创新与不足

1.3.1　可能的边际创新

本书试图在产能过剩相关理论与异质性企业贸易理论框架下，研究中国工业产能过剩及对企业出口行为的影响。与既有研究相比，可能的边际创新主要体现在：

（1）在研究视角上，关于产能过剩的形成原因，大多数已有文献从市场或非市场因素中的某一方面着手研究，忽视了产能过剩的根源所在。结合中国工业产能过剩的相关事实，从资源配置这一本质研究产能过剩的形成原因，寻找提升中国工业产能利用率的原始起点。此外，既有文献主要探讨融资约束、中间品进口、汇率以及对外直接投资等对企业出口二元边际与出口产品质量的影响。而对中国这样的发展中国家，产能过剩是一个长期存在的典型行业现象，迄今为止鲜有文献分析行业产能过剩对企业出口的影响，从"抑制型"或"有保有控"政策①视角考察企业出口产品质量升级问题也比较少见。本书结合产业经济学与国际贸易学，从产能过剩这一独特视角分析其对企业出口的影响，并考察旨在化解产能过剩问题的产能调控政策对企业出口产品质量升级的影响效果，这有助于加深对出口与出口产品质量影响因素的认识。

（2）在研究方法上，实证部分较为细致地讨论了可能存在的内生性问题。在分析行业产能过剩对正常企业出口的影响时，采用工具变量法与构造准自然实验的方式解决内生性问题；在识别产能调控政策对企业出口产品质量的作用效果时，运用 DID 识别其中的因果关系，并做了较为细致的有效性检验。此外，还运用了 Heckman 模型解决样本"自选择"问题，以确保研究结论的可靠性。

（3）在研究内容上，较为全面地揭示了中国工业整体、行业、地区以及企业层面的产能利用率特征，并首次将奥利和佩克斯（1996）、梅利茨和波拉内茨（2015）分解框架应用于工业产能利用率，来分析中国工业产能利用率增长的来源结构在不同时期、行业、地区以及企业等多个维度的差异性。还通过梳理相关文献，深入剖析行业产能过剩影响正常企业出口的微观机理，据此提出研究假设，进而采用合理的计量模型对此进行检

---

① "抑制型"产业政策指国家对某些行业发展实行遏制手段，以协调产业间发展、优化资源配置。"有保有控"产业政策指国家扶持行业内部分企业发展，而抑制其他一些企业发展。与之相对应的是"激励型"产业政策，其指国家通过税收优惠、财政补贴以及信贷支持等方式扶持产业发展，如西部大开发战略、"四万亿经济刺激计划"等，以实现引导产业发展方向、推动产业结构升级。

验，从而丰富了异质性企业贸易理论。此外，深入探讨了产能调控政策如何影响企业出口产品质量的问题，丰富了产业政策评估的新内容。

1.3.2 研究的不足

目前可获得的中国工业企业数据库年份为 1998~2013 年，但 2008 年之后的数据缺失工业总产值、固定资产净值、中间投入、应付工资等关键变量，无法直接测算企业产能利用率。并且，2011 年之前"规模以上"标准为主营业务收入在 500 万元及以上；2011 年开始则改为 2000 万元及以上。由于还会用到海关数据，而其可获得的最早年份为 2000 年。综合权衡之后，采用 2000~2007 年数据作为主样本进行研究。

虽然样本区间较早，但基于 2000~2007 年样本得出的研究结论仍然可以用来指导当前中国实践。首先，从中国现实来看，近十几年来，产能过剩等结构性问题一直反复出现，中央政府几乎每年都会出台化解产能过剩的相关政策，如 2009 年《关于抑制部分行业产能过剩和重复建设引导产业健康发展若干意见的通知》；2018 年、2019 年以及 2020 年《关于做好××年重点领域化解过剩产能工作的通知》，强调要更多运用市场化、法治化手段，在控制产能总量的前提下，调整优化存量。其次，2000~2007 年囊括了从亚洲金融危机末期到全球金融危机前的一个经济周期，涵盖了周期性与非周期性产能过剩时期，这段时期具有一般性特征。再次，从贸易开放视角来看，中国 2001 年加入 WTO 以来，与国际关联日益紧密，国际贸易不断增长，以 2000~2007 年样本探讨中国工业产能过剩与企业出口行为关系具有很强的代表性。最后，2000~2007 年样本数据涵盖了本书所需的指标，而且当前很多学术研究也采用这一样本（Lu et al.，2017；Brandt et al.，2017；徐业坤和马光源，2019；范林凯等，2019）。此外，借鉴既有相关文献中的方法补齐关键缺失变量，将研究样本扩展到 2013 年进行稳健性检验。

第 2 章　文献综述

根据研究内容，本章主要从以下三个方面对文献进行梳理与回顾：首先，归纳了产能过剩的相关研究；其次，综述了企业出口行为的相关研究；最后，梳理了产能过剩对企业出口行为的相关研究。在此基础上，对既有研究进行了简要评述。

2.1　产能过剩的相关研究

2.1.1　产能过剩的界定与测算方法

通过梳理既有文献发现，可以从微观、中观和宏观层面对产能过剩概念进行界定。从微观层面来看，产能过剩指企业生产能力的过剩（Cassels，1937；Kirkley et al.，2002；魏琪嘉，2014；徐齐利和范合君，2018）。需要注意的是，产能过剩与生产过剩具有不同内涵，其中，生产过剩指由于市场不完全性导致的市场非出清状态，其直接表现是消费产品过剩；从生产链条上看，间接表现为中间品和生产资料产品的过剩。从中观层面来看，产能过剩指行业实际产出水平低于其生产能力的程度（Schwartz，1984；韩国高和王立国，2013）。从宏观层面来看，产能过剩指在给定技术、偏好等前提下，所有要素得到正常限度地使用，整个经济所能实现的产出水平大于社会总需求，使得产能出现一定程度闲置（Belton and Cebula，2000；李江涛，2006；钟春平和潘黎，2014）。

从上述不同层面产能过剩的界定可知，产能过剩概念界定的关键在于定义生产能力，即产能。然而，不同测算方法对产能内涵的理解有所不同。此外，虽然产能过剩有微观、中观和宏观层面的含义，但基本上都使用产能利用率来测度产能过剩程度（Nelson，1989；Segerson and Squires，2010；程俊杰，2017）。早期文献用实际用电量与最大可能用电量之比作为产能利用率的度量指标（Foss，1963），显然这种方法过于粗糙。目前，国内外学术界和研究机构主要采用调查法、峰值法、函数法、协整法、结构向量自回归法和数据包络分析法（DEA），来测算产能利用率进而量化产能过剩（阎虹戎和严兵，2021）。

（1）调查法将企业的设备利用率作为衡量产能利用率的指标，即将产能界定为工程意义上的生产能力（董敏杰等，2015；王永进等，2017）。各国中央银行或经济研究机构通常采用这种方法得到产能利用率数据，如美国联邦储备委员会、印度储备银行以及新西兰经济研究所。世界银行中国企业问卷调查中询问了经理人企业的产能利用率水平，但由于被调查企业数量十分有限，无法最大程度涵盖中国各省份、各行业，导致数据代表性较差，且调查数据年份持续性较弱。此外，虽然这种方法数据较为客观，但却只适用于少数具有设计生产能力的行业，不能全面体现产能利用率的特征，而且这一方法费时费力，通常只能由政府部门开展（Tian，2016；余淼杰和崔晓敏，2016）。

（2）峰值法认为，100% 的产能利用率即产能达到峰值，产能低于峰值时的产能利用率小于 100%，即将产能界定为企业、行业或经济整体在一段时间内的最高产量水平（Klein，1973；Garcia and Newton，1997；梁泳梅等，2014）。该方法可以依据单投入与单产出数据得到产能水平，具有简单快捷的特点，但当经济处于复苏阶段，最高产量水平是产能未能充分利用的"弱高峰"水平，这导致高估产能利用率的可能；且峰值法假定产能产出增加的唯一来源是技术水平提升，而忽略了要素成本、需求等因素的影响（余东华和吕逸楠，2015）。

（3）函数法是目前测算产能利用率最常用的方法之一，包括生产函数法、利润函数法和成本函数法三种。具体而言，生产函数法通过设定生产函数的具体形式，利用生产要素投入数据进行参数估计，从而推算出产能产出，产能利用率为实际产出与产能产出的比例（Hogan，1969；余东华和吕逸楠，2015；余淼杰等，2018）。利润函数法则以企业利润最大化为目标，产能利用率由实际利润除以"影子"利润得到。与利润函数法形成对偶关系的是成本函数法，成本函数法基于厂商成本最小化理论，利用回归方法进行参数估计进而推算出产能产出，即将产能界定为成本最小化时的产量水平，属于经济学意义上的产能概念（Garofalo and Malhotra, 1997；Lazkano, 2008；韩国高等，2011；贾润崧和胡秋阳，2016）。函数法具有几点不足之处：①函数法得出的测算结果依赖于函数具体形式的设定，具有较大的任意性（Shaikh and Moudud, 2004）。②运用成本函数法进行参数估计过程中需要大量生产要素价格数据，而中国要素市场化进程滞后严重，并且各级政府广泛实行财政补贴、税收减免相关政策，促使生产要素价格扭曲严重，无法充分反映要素的真实价格（刘竹青和佟家栋，2017；范林凯等，2019）。③国有企业肩负着经济效益与社会效益统一的任务，不能将成本最小化或利润最大化作为其唯一目标，因此成本最小化或利润最大化的假设并非完全准确。但总体来看，函数法有着微观理论作为支撑，与管理层基于经验认知的现实产能更为贴近（范林凯等，2019）。

（4）协整法假定产能产出与资本存量两者间存在长期稳定关系，谢赫和穆杜德（2004）首次利用该方法测算 OECD 各成员国产能利用率。国内使用该方法测算产能利用率的文献主要有贺京同和何蕾（2016）、马军和窦超（2017）、邓忠奇等（2018）。相比于函数法，协整法的优点在于无需设定具体函数形式，但其缺乏一定的微观基础。结构向量自回归法认为产出由趋势成分与周期成分两部分构成，其中供给冲击影响趋势成本，需求冲击影响周期成分，并且后者决定产能利用率。张群等（2014）使用该方法测算了中国房地产行业产能利用率。

（5）数据包络分析法指出，生产可能性集合由投入变量和产出变量组成，生产前沿面由投入数据和产出数据构成，根据各决策单元的固定投入、运用非参数估计方法测算其生产能力，即将产能界定为可变要素不受约束、生产效率达到生产前沿面时的产量水平（Fare et al., 1989；Kirkley et al., 2002；Vestergaard et al., 2003；Karagiannis, 2015；董敏杰等，2015；贾润崧和胡秋阳，2016；张少华和蒋伟杰，2017）。该方法无法证实相对有效点即为产能充分利用点，且将可变要素不受约束情形下的产量水平视为产能时，忽略了生产要素间的替代性（程俊杰，2017；范林凯等，2019）。

从上述分析可知，虽然测算产能利用率的方法很多，但每种测算方法均有其优点与不足之处，学术界并没有一种公认的最佳测算方法，并且不同测算方法得到的产能利用率可比性较差。在实际的研究过程中，我们应该考虑到数据可得性、研究对象特征等因素，选择较为合理的测算方法。此外，由于测度方法的不同，得出的产能利用率数值大小会有些许差异，中国目前并不存在官方的划分标准。钟春平和潘黎（2014）、张林（2016）指出，欧美国家认为产能利用率的正常标准为 79% ~82%，低于 79% 则判定为产能过剩；日本的正常标准为 83% ~86%；印度的正常标准为 70% 左右；而中国产能利用率的"合意"值为 75%，当产能利用率低于 75% 时则判定为严重产能过剩。

2.1.2　产能过剩的形成原因

国外学者和国内学者对于产能过剩形成原因的观点不尽相同，国外学者认为产能过剩主要由市场因素引起，由于中国正处于经济转轨时期，尚未建立完善的市场调节机制，因此中国产能过剩的形成机理既包括市场因素，也包括中国特殊发展阶段与体制环境等非市场因素。

（1）市场因素。一是垄断竞争。垄断竞争的市场结构使得企业不在平均成本曲线最低点处生产，从而实际产出小于企业所能达到的最大产出，形成产能过剩（Cassels，1937；Wijnbergen，1989；张伯仑，2009）。二是经济周期。宏观经济由复苏到繁荣时，市场需求持续扩张引致投资增加，而当经济不景气时，社会需求萎缩并不能使得生产能力及时退出市场，这主要是因为维持现有生产能力所需成本小于调整生产要素产生的调整成本，形成生产能力的"易进不易退"特征（Palumbo and Trezzini，2003；Parry，2010；Murphy，2016；卢锋，2010；步晓宁等，2019），从而导致产能过剩。三是阻止竞争对手进入。基于博弈理论可知，产能过剩状态也可能是企业最优化决策的结果（Mathis and Koscianski，1997；Nishimori and Ogawa，2004；Huisman and Kort；2015；张伯仑，2009）。当竞争对手发出进入市场或者增加产量的信号时，在位企业可以凭借过剩产能威胁对手，即利用过剩产能增加市场供给，从而降低产品价格，使竞争对手无利可图。此时，保留一定的过剩生产能力是为了阻止竞争对手进入市场或增加产量，进而维持市场势力，获得超额利润（Dixit and Pindyck，1994；Nishimori and Ogawa，2004；Choi and Lee，2020；白让让，2016）。虽然从理论上得出企业将建立过剩产能阻止竞争对手进入的结论，但许多实证研究并不认为阻止进入是形成产能过剩的原因之一（Hilke，1984；Lieberman，1987）。四是市场信息不对称带来的投资"潮涌"现象。对于市场经济不完善的发展中国家而言，市场信息不对称现象尤为明显，对行业内企业数量、产量信息了解不足，再加上发展中国家由于后发优势的存在，企业对前景产业容易形成共识，导致投资"潮涌现象"和产能过剩（Banerjee，1992；Abrahamson and Rosenkopf，1993；林毅夫等，2010；陈少凌等，2021）。

（2）非市场因素。一是不当的产业政策。柯克利等（2003）以马来西亚捕鱼业为研究对象，发现发展中国家经常实施的产能扩张政策，虽然促进了经济发展，但是持续的产能扩张政策与产能过剩的形成有着密切关系。程俊杰（2016）基于 1999～2003 年制造业行业层面数据，实证研究产业政策对产能利用率的影响，发现产业政策负向且显著影响产能利用率，由此引发产能过剩。黄健柏（2017）认为，"扶大限小"的产业政策不仅没有有效化解产能过剩问题，而且企业为了超过政策设定的关闭临界点，盲目扩大规模，这进一步加剧了产能过剩。二是要素价格扭曲。地方政府出于政绩考核、增加就业、地方官员晋升等政治目的，对企业进行各种显性的投资补贴、政策性补贴，以及银行等金融结构的偏向性融资政策，扭曲生产要素价格，这进一步对优化企业投资结构产生不利影响，致使企业盲目投资与产能过剩（Tao，2014；Zhang et al.，2017；江飞涛等，2012；贺京同和何蕾，2016；徐业坤和马光源，2019；马新啸等，2021）。

2.1.3 产能过剩的危害

产能过剩被认为是"实体经济领域中的泡沫"，已经成为中国面临的重要经济风险之一（黄秀路等，2018）。从微观层面来看，产能过剩造成产品价格的较大下滑，库存积压高起，企业利润能力下降，且企业在技术研发、人力资本投资、外源融资等方面的难度加大（Lee and Jang，2012；Dagdeviren，2016；赵昌文等，2015；刘军，2016）。从中观层面来看，产能过剩会带来行业内各企业间竞争程度加剧，干扰市场竞争秩序，进而恶化行业整体营运状况、降低行业投资效率；产能过剩还会降低行业研发投资意愿，进而降低产品附加值，不利于实现产业升级（Anthonyde et al.，

2015；高晓娜和兰宜生，2016；汪芳和夏湾，2019）。从宏观层面来看，产能过剩导致出口市场上的"低价跑量"竞争模式使得一方面贸易争端增加，反倾销压力增大，另一方面国内资金过剩，银行等金融机构之间过度竞争，利率下降，投资驱动型产能扩张加剧，这进一步加剧了产能过剩；产能过剩造成的开工不足，员工下岗失业增加，会引起消费不振，难以驱动经济发展，正因此，政府坚持用投资来支撑经济增长，在投资当期能够一定程度缓解产能过剩，一旦投资项目完成之后，形成新的产能，这进一步加剧了投资与消费的失衡问题（Corrado and Mattey，1997；Mustafa and Rahman，2006；Ahmed and Cassou，2016；李江涛，2006）。

2.1.4　产能过剩的治理及其效果

由于市场经济较为发达的国家认为产能过剩是市场经济运行的一个必然现象，甚至认为产能过剩能够极大程度地丰富产品种类，增加消费者剩余，改进社会福利，同时激烈的市场竞争有利于企业改进技术，改善经营管理。因此，专门研究产能过剩治理的国外文献较少。然而，对于正处于特殊发展阶段和体制环境下的中国来说，产能过剩具有全面性、中长期、绝对性等特征，其危害已经尤为突出，因此国内学者十分关注产能过剩的治理问题。可以将既有的国内文献分成两大类。

一是借鉴国外治理产能过剩经验的相关文献。虽然理论上认为发达国家的产能过剩是企业在充分考虑了经济周期波动和市场竞争冲击下做出的理性选择，可以通过自我调节削减过剩产能（王自锋和白玥明，2017），但是为了减小对经济的冲击，一般也会出台相应政策。比如，虽然美国崇尚自由市场经济，主要通过市场机制（优胜劣汰）调节产能过剩，但是也会采取政府干预手段，通过扩大内需、贸易输出等途径削减产能过剩。值得注意的是，美国化解产能过剩措施中最重要的一点是通过产业深化、提高生产率、提升产业竞争力来治理（French，1986；Peterson，1989；张明哲，2013；史贞，2014）。日本是治理产能过剩较为成功的国家，主要措施包括：利用国际市场消化国内过剩产能，比如，加大出口、向海外转移低端产能；重视国内市场，扩大内需，比如，20 世纪 60 年代实施的"国民收入倍增计划"；出台产业政策以鼓励兼并重组、淘汰废弃部分落后设备、限制产能扩张（Foster，2012；Braguinsky et al.，2015；Tetsuji et al.，

2018；殷保达，2012；张明哲，2013；史贞，2014）。

二是国内产能过剩治理的相关文献。纵观既有文献，可以将国内产能过剩治理措施大致划分成三大类：供给侧措施、需求侧措施和政府转型措施。供给侧措施包括：控制行业中企业数量、严格项目审批；清理、整顿违规产能；鼓励企业兼并重组；鼓励企业自主创新，提高竞争力，实现产业升级等（李江涛，2006；黄群慧，2016；黄健柏，2017）。需求侧措施包括：提升再分配调控能力，缩小城乡之间收入差距，形成有效国内需求；建立可靠的社会保障制度，形成乐观预期，促进国内需求增长；鼓励企业出口，优化出口结构，实施"走出去"战略，加大对外投资等（潘文轩，2016；张先锋等，2017）。政府转型措施包括：深化投资体制、官员晋升激励体制改革；重构上下级政府间委托—代理关系，"硬化"制度约束等（张杰和宋志刚，2016；胡筱沽和戴璐，2017），通过减少不正当干预化解产能过剩问题。

然而，关于产能过剩治理措施的有效性问题，学术界存在较大争议。其中，一些学者以中国产能过剩问题长期存在为由对治理措施的有效性提出质疑。江飞涛和李晓萍（2010）研究认为，中国产业政策蕴含了较为浓厚的计划经济色彩，其制定与实施过程均体现出政府直接干预市场经济、用政府判断替代市场机制以及限制中小企业对大型企业的竞争等特征，这种缺乏理论支撑的产业政策带来政府行为边界与方式上的错乱，自然会对治理措施的有效性产生不利影响。席鹏辉等（2017）研究表明，自20世纪90年代以来，中央政府针对性地出台了一系列化解产能过剩问题的专项调控政策，但这些政策并没有抑制新增企业数量的增加，其作用效果不符预期。刘尚希等（2018）选取水泥、钢材、平板玻璃以及焦炭等产能过剩治理的重点行业为研究对象，发现由于中央与地方政府目标函数具有非一致性，加之信息不对称性，导致中央政府化解产能过剩措施的收效不大。需要指出的是，这些判断多为定性研究的结果，缺乏坚实且系统的经验证据。

此外，也有一些学者认为产能过剩治理措施的效果较为明显。杨其静和吴海军（2016）利用中国地级市工业用地出让宗数数据对产能管制措施进行政策效果评估，发现产能管制措施显著抑制了产能过剩且受管制行业的工业用地出让宗数增势；但在晋升机会较大的地区，产能过剩且受管制行业出让土地依然较为普遍。赵卿和曾海舰（2018）基于中国工业企业数据库，并使用双重差分方法考察产能管控政策对产能利用率的影响，结果显示，产能管控政策显著提高了处理组的产能利用率，但作用效果呈现出先升后降的态势。王桂军（2019）从企业创新视角出发，研究去产能这一"抑制型"产业政策的作用，发现去产能政策通过企业研发资金效率渠道促进企业创新，且"一带一路"建设、去杠杆对创新促进效应具有正向调节作用。张少东等（2021）运用双重差分模型识别去产能政策与企业系统性风险防范的因果关系，发现去产能政策通过改善企业营运状况降低企业系统性风险边际贡献，有利于防范企业系统性风险积聚与发生。

2.2　异质性企业贸易理论的相关研究

自克鲁格曼（1979）、赫尔普曼和克鲁格曼（1985）提出新贸易理论之后，国际贸易理论在很长一段时间内前沿进展较少。直至梅利茨（2003）的《贸易对行业内再分配和整体生产率的影响》一文问世，这标志着异质性企业贸易理论（即新新贸易理论）的创立。古典、新古典贸易理论与新贸易理论的研究单位是国家、产业；而新新贸易理论的研究对象则为企业层面，突破企业同质性框架，引入企业异质性假设。新新贸易理论的发展，为深入研究国际贸易产生原因、贸易结构以及贸易产生的影响提供了新方向，极大丰富了国际贸易理论与实证研究的内容。根据本书研究内容需要，本章主要从企业出口二元边际与企业出口产品质量两个方面对文献进行梳理与回顾。

2.2.1　企业出口二元边际的研究

传统贸易理论认为出口增长的唯一来源是企业现有产品出口量增长，而基于产品差异性与规模经济假设的新贸易理论则道明了企业出口扩展边际是出口增长的另一途径。随着贸易新格局的日益复杂化，鲍德温和哈里根（2007）将企业出口增长划分成两部分，即出口概率提高（出口扩展边际）与出口量增加（出口集约边际）。纵观既有文献发现，可以按照产品、企业与市场三个视角界定出口二元边际（Elhanan et al. , 2008；Ahmed and

Hamid，2014；陈雯和孙照吉，2016；张鹏杨等，2019；白东北等，2021）。从产品视角来看，出口扩展边际指产品种类的变化，某种产品由出口变为不出口状态，或者由不出口转向出口状态；出口集约边际指现有出口产品出口量的变化。从企业视角来看，出口扩展边际指企业由出口变为不出口状态，或者由不出口转向出口状态；出口集约边际指出口企业在国际市场上出口量的变化。从市场视角来看，出口扩展边际指是否向某个市场出口的状态转变；出口集约边际指在某个出口市场上出口量的变化。

此外，基于古典贸易理论、新古典贸易理论以及新贸易理论等，较多学者从宏观层面研究出口增长的影响因素；自新新贸易理论创立以及企业微观数据可获得性增强以来，从微观层面探讨出口二元边际影响因素的文献越来越丰富。概括来讲，国内外相关文献主要从贸易成本、要素市场因素、出口国与目的国宏观经济、制度与文化环境、外部冲击等方面展开研究。

（1）贸易成本。贸易成本是影响企业出口扩展、集约边际的主要因素之一，贸易成本降低不仅能够增加企业出口量，还能推动企业由不出口向出口状态转变（Andersson，2007；Eaton et al.，2008；Mai and Giang，2018；陈阵和隋岩，2013；冯晓玲和马彪，2018）。梅利茨（2003）通过构建异质性企业贸易模型，发现生产率门槛值的存在是由出口固定成本造成的，且其决定了企业出口量。钱尼（2016）从替代弹性入手，验证了在不同替代弹性行业中贸易成本对贸易量影响存在异质性。陈勇兵等（2012）利用中国海关数据进行实证分析，结果显示不同贸易成本对出口二元边际的影响机制以及作用程度不尽相同。许统生和方玉霞（2020）在测算可加贸易成本的基础上，指出可加贸易成本对企业出口具有明显的抑制作用。

（2）要素市场因素。企业生产状况是出口二元边际的基础，而土地、劳动力、中间品以及资金等生产要素市场状况对企业生产具有决定性作用，因此较多学者从要素市场角度分析其对出口二元边际的影响。黄玖立和冯志艳（2017）采用 Heckman 两阶段模型与 Tobit 模型考察用地成本与企业出口行为关系，发现用地成本增加将会增强融资约束、降低企业生产率，进而降低企业出口倾向、抑制企业出口规模。陈雯和孙照吉（2016）基于中国工业企业与海关数据实证分析，结果表明劳动力成本上升导致中国出口的低劳动力成本优势逐渐弱化，劳动力成本负面作用于企业出口二元边际，且这种负向作用呈现出明显的异质性特征。甘犁等（2016）利用 1998~2007 年中国工业企业数据库，实证检验最低工资与企业出口行为关系，发现最低工资提高降低了企业出口可能性与出口量。中间品进口也是影响出口二元边际的重要因素之一，国内外中间品在产品质量、种类等方面存在差异，中间品进口有助于改善企业出口状况（Paul and Yasar，2009；Bas，2009；Feng et al.，2016；王维薇和李荣林，2015；林令涛等，2019）。

　　资金是企业生产、运营过程中不可或缺的重要资源之一，已经有相当数量文献考察了融资约束、金融发展以及商业信用等金融方面因素对企业出口二元边际的影响（Berman and Héricourt，2010；Manova，2012；Gross and Verani，2013；孙灵燕和李荣林，2012；铁瑛和何欢浪，2020）。米内蒂和祝淳（2015）研究表明，信贷配给降低了企业出口概率与出口量，且对出口的抑制作用明显大于对国内销售的抑制作用。穆克吉和钱达（2020）考察了融资约束对印度制造业企业出口的影响，研究表明融资约束程度加深会减少企业出口量，且融资约束对企业出口的负向效应在中小企业与出口依存度较高行业样本中更加明显。杨连星等（2015）发现，融资约束没有显著影响出口集约边际，与出口扩展边际为"U"型关系；金融发展水平提高正向调节融资约束与出口扩展边际关系。陆利平和邱穆青（2016）基于工业企业与海关数据，发现商业信用能够为企业提供营运资本融资，进而显著促进企业出口增长。

　　此外，根植于中国要素市场化程度明显低于产品市场的现象，国内众多学者研究要素市场扭曲、资源错配等对企业出口行为的影响（施炳展和冼国明，2012；康志勇，2014；廖显春和耿伟，2015）。张杰等（2011）指出，中国要素市场扭曲使得企业能够以低成本获取生产要素并转化为出口成本优势，进而提高出口可能性，对本土企业的出口激励作用大于外资企业，但受出口激励作用影响的本土企业利润率较低，这在一定程度上削弱了本土市场的竞争力。祝树金和赵玉龙（2017）在测算资源错配指标基础上，发现资源错配对企业出口二元边际具有促进作用。郑腾飞和赵玉奇（2019）的研究结果显示，要素市场扭曲对企业出口的作用存在明显的地区差异，对东部地区企业出口的正向作用小于中西部地区。

　　（3）出口国与目的国宏观经济、制度与文化环境。出口国与目的国宏观经济、制度与文化等因素也会对企业出口二元边际产生影响。具体而言，部分文献从互联网、汇率、基础设施建设、地理集聚等宏观经济因素着手考察其对企业出口二元边际的影响。例如，茹玉骢和李燕（2014）将电子商务引入异质性企业贸易模型中并进行实证分析，结果显示电子商务提升了企业出口倾向与出口密集度，且出口促进作用在大规模企业、外资企业以及民营企业样本中更加明显。施炳展（2016）发现互联网能够降低贸易固定与可变成本，进而促进国际贸易增长。努伊拉等（2011）、张贤旺和森古普塔（2013）、刘青等（2013）均得出汇率升值抑制企业出口量的结论。马丁库斯和布莱德（2013）、马丁库斯等（2014；2017）分别基于智利、乌拉圭和阿根廷、秘鲁企业数据，发现交通基础设施的改善对企业出口产生正向影响。佟家栋和刘竹青（2014）利用2000~2007年中国制造业企业面板数据，考察地理集聚对企业出口行为的影响，结果表明地理集聚通过融资途径促进出口扩展边际增长。

另一些文献从贸易自由化、反倾销、出口补贴与退税、制度质量、环境规制、营商环境等制度因素分析其对企业出口二元边际的影响。例如，伯纳德等（2011）构建多产品、多目的国企业的一般均衡模型并进行经验研究发现，贸易自由化促使企业减少生产的产品范围，增加向既定目的国出口既定产品的数量。毛其淋和盛斌（2014）发现，贸易自由化显著增加了企业出口倾向，对本土企业推动作用更加显著。西里埃尔（2017）总结既有研究成果发现，多数文献表明贸易自由化能够促进企业出口二元边际扩张。鲍晓华和陈清萍（2019）采用双重差分方法发现，反倾销通过成本效应与调查效应对下游企业出口概率与出口额产生负向作用。张杰和郑文平（2015）指出，政府补贴对出口集约边际、扩展边际的影响有所不同，即对前者不显著，而对后者呈倒"U"型关系。列夫琴科（2007）、安金南和邱（2011）发现，制度差异是影响贸易流量的重要决定因素之一；而巴特查里亚等（2010）则从制度质量展开研究，结果显示当制度质量超过某一门槛值时才会对国际贸易产生显著影响。王薇和马浩（2018）发现，较为恶劣的国内制度环境会挤出企业出口。张艳等（2020）基于企业—产品层面数据，运用DID方法考察环境规制与企业出口之间的因果关系，发现提高废水排放标准的环境规制政策抑制了企业出口倾向与出口额的增加。施新政和徐竹烽（2018）也得出类似的结论。康志勇等（2018）发现"减碳"政策通过成本增加、创新促进效应作用于企业出口规模，两者之间呈倒"U"型关系。王永进等（2014）、马述忠和张洪胜（2017）研究表明，较差的营商环境一般会降低出口竞争力，进而降低企业出口可能性与出口规模。

此外，还有一小部分文献从文化距离、移民网络等文化因素研究其对企业出口二元边际的影响。例如，兰克伊曾和格鲁特（2016）研究表明，文化距离对双边进出口量的影响存在一个门槛值，当高于这一门槛值时，国际贸易才会随着文化距离增加而减少。奥塔维亚诺等（2015）利用英国数据考察移民对进口、出口以及生产率的影响，发现通过将海外生产环节重新分配给移民、降低生产成本与双边贸易成本途径促进出口贸易增加。王永进和孟珊珊（2020）利用中国微观企业、双边语言距离数据考察语言网络对企业出口的影响，结果表明语言网络通过降低交流成本与增强文化认同促进企业出口。

（4）外部冲击。除贸易成本、要素市场、出口国与目的国宏观经济、制度与文化等影响因素之外，部分学者还考察了外部冲击对出口二元边际的影响。例如，哈达德等（2011）、安等（2011）均指出需求冲击是导致贸易暴跌的重要原因之一。陈波和荆然（2013）通过拓展梅利茨（2003）的模型，发现金融危机带来的外部需求下降会降低企业出口收益，但出口国利率降低可能会导致出口企业数量增加，即金融危机会带来出口集约边际收缩、扩展边际扩张。王丽和黄德海（2021）、李子联和陈强（2021）从国内外暴发的新冠疫情着手，分析这一供需双重冲击对国际贸易的影响，疫情一方面导致需求层面投资规模减少、消费环境恶化、国外需求下降，对企业出口带来负面影响；另一方面导致供给层面短期劳动投入与物质资本减少，抑制出口企业生产规模扩大。

2.2.2　企业出口产品质量的研究

近年来，出口产品质量受到学者们广泛关注，已经成为异质性企业贸易理论研究的前沿（Kugler and Verhoogen，2012；许明，2016）。已有研究主要集中在出口产品质量测算、影响因素以及作用效果三个方面。

（1）出口产品质量的测算方法。较早文献使用产品的单位价值作为出口产品质量的代理变量（Hallak，2006；Auer and Chaney，2009；李坤望等，2014）。例如，殷德生（2011）用单位价值法衡量出口产品质量，发现加入 WTO 以来，中国出口产品质量呈现上升态势。刘晓宁和刘磊（2015）同样使用单位价值法测算出口产品质量。单位价值法虽然计算简单，但高质量产品价格一定高的假设条件较为苛刻，因为价格不仅能够反映质量，还能反映生产成本，并且无法剔除汇率、市场分割等对价格的影响（Hallak，2011；Hallak and Sivadasan，2013）。随后哈拉克和肖特（2008）、坎德尔瓦尔（2010）、坎德尔瓦尔等（2013）使用需求函数倒推质量的方法测算出口产品质量，突破了产品价值等于质量的假设，是目前较为主流的一种测算方法。此外，芬斯特拉和罗马利斯（2014）、余淼杰和张睿（2017）还基于企业内生化质量决策框架、综合供给与需求两方面因素，测算出口产品质量。

（2）出口产品质量的影响因素。有关出口产品质量影响因素的文献较多，大致可以总结为企业内部特征与外部环境因素两类。异质性企业贸易理论强调生产率这一企业异质性对产品质量的影响，而从企业内部特征来看，企业融资约束、中间投入、研发创新、人力资本、对外直接投资等也会对出口产品质量产生重要影响。樊海潮等（2015）、恰尼和巴尔托利（2015）、克里诺和奥利亚里（2016）、许明（2016）、兰健和张洪胜（2019）均从理论或实证上证明了融资约束对企业出口产品质量升级具有显著的制约作用；贝尼尼等（2013）则指出探究融资约束如何影响企业出口产品质量问题上，首先应该把关注点放在出口产品质量升级的相关投资上；孔祥贞等（2020）发现融资约束通过中间品进口渠道影响出口产品质量升级。王璐航（2011）证实了使用来自高收入国家中间投入品的非国有企业的产品质量高于其他类型企业。研发创新不仅能够直接提升企业出口产品质量，还能够作为中间渠道发挥作用（Khandelwal，2010；Crinò and Epifani，2010；朱小明和宋华盛，2019；沈国兵和于欢，2019）。张明志和铁瑛（2016）指出，提高劳动报酬能够提升企业出口产品质量；程锐和马莉莉（2019）认为，人力资本结构向高级化演进中，能够提高企业技术水平与产业升级，进而提升出口产品质量；敖洁等（2019）研究表明，人口老龄化导致适龄劳动数量不足，对出口产品质量提升带来不利影响。此外，景光正和李平（2016）、余静文等（2021）、彭红枫和余静文（2021）的研究结果显示，对外直接投资能够显著提升出口产品质量，且这种提升效应主要体现在一般贸易产品与差异化产品中。

从外部环境因素来看，贸易自由化、政府补贴、其他政策与制度等会对企业出口产品质量产生重要影响。春山和赵来勋（2008）指出，贸易开放促使资源流向研发密集型企业，进而提升产品质量、实现质量阶梯升级；阿米蒂和坎德尔瓦尔（2013）将关税作为贸易开放与自由化的代理变量，实证结果表明关税下降将会加剧国内市场竞争，提升优质企业出口产品质量；类似的研究还有施炳展和邵文波（2014）、杨勇等（2020）、安东尼·阿德斯（2015）等。政府补贴作为政府干预经济的一个重要手段，会通过多元化机制提升企业自主创新能力，进而提高出口产品质量（李秀芳和施炳展，2013；张洋，2017；唐丹丹和阮伟华，2019）。除关税、政府补贴之外，汇率、出口退税、知识产权保护等其他政策与制度因素也会通过改变市场竞争环境而影响出口产品质量。弗霍根（2008）基于墨西哥制造业数据发现，汇率贬值不仅促进了企业出口，也提升了产业内质量；余淼杰和张睿（2017）发现人民币升值通过提高竞争压力途径提升出口质量；刘怡和耿纯（2016）从企业、产业层面论证了出口退税加剧市场竞争程度，带来企业成本加成下降，激励企业加大研发投入进而提升出口产品质量；基代施（2015）运用质量阶梯模型，指出过高的知识产权保护能够在短期内增加企业创新回报，但也因此减少竞争者数量、放慢创新速度，进而不利于提升产品质量。

（3）出口产品质量的作用效果。出口产品质量集中体现了出口竞争力，对促进贸易增长、建成贸易强国具有重要意义（Hallak and Sivadasan，2013；苏丹妮等，2018），但目前关于出口产品质量作用效果的文献较少。布拉姆比拉和波尔图（2016）指出，提供高质量产品的企业或行业需要密集使用工资溢价更高的高技能劳动力，从而导致企业或行业更高的平均工资水平。王涛生（2013）在测算出口产品质量与出口竞争新优势的基础上，发现出口产品质量不仅影响出口竞争新优势的整体地位，而且影响其核心构件的形成。李小平等（2015）认为，各国从中国进口份额增长的一个重要原因是中国行业出口质量的提升。喻美辞和蔡宏波（2019）研究发现，出口产品质量升级显著提高劳动力技能溢价，主要是通过增加高技能劳动力需求、提高企业利润水平与绩效等途径实现的。

2.3　产能过剩对企业出口行为影响的相关研究

当前，产能过剩对企业出口行为的影响还未引起学术界的足够重视，仅有少数研究涉及，且两者关系的判断仍然存在分歧。其中，周瑞辉（2015）基于二位码行业数据，分析产能过剩与出口之间的关系，发现产能过剩的恶化会抑制行业出口强度的增加。贝尔克等（2015）的研究表明，受产能约束与边际成本递增因素的影响，产能过剩的企业更倾向于进行出口贸易。刘军（2016）考察了"出口—产能假说"对中国企业的适用性，发现产能利用率高的企业更倾向于出口，即企业自身的产能过剩会抑制其出口倾向。高晓娜和兰宜生（2016）利用中国工业企业数据库和海关数据库的匹配数据研究显示，产品同质化程度越高、企业生产率越低时，产能过剩对企业出口产品质量的抑制效应越大。王自锋和白玥明（2017）研究指出，产能过剩会促进行业内国有企业和重工业企业的出口，但会抑制行业内私营外资企业和轻工业企业的出口。

2.4　简要评述

通过对已有文献的梳理可以发现：

（1）当前关于产能过剩的研究已经比较丰富，这为本书关于产能过剩的界定、测算、形成原因、影响以及分析产能过剩治理措施效果奠定了坚实的理论基础，是本书得以顺利开展的奠基石。然而，关于产能过剩的形成原因，大多数已有文献从市场或非市场因素中的某一方面着手研究，忽视了产能过剩的根源所在。因此，有必要结合中国工业产能过剩的相关事实，从资源配置这一本质研究产能过剩的形成原因，寻找提升中国工业产能利用率的原始起点。

（2）目前关于企业出口二元边际影响因素的研究也已经较为全面，这一部分文献为本书的理论分析与控制变量的选取将大有裨益。然而，一个令人不解的现象却极少受到关注，那就是在中国经济发展历程中的一些时期内，企业出口增速下滑是与较为严重的产能过剩相伴随的。那么，这两者之间是否存在某种关联呢？从现有文献看，产能过剩对企业出口行为的影响目前还未引起学术界的足够重视，少数的相关文献侧重研究企业产能过剩对自身出口的影响，或者从行业层面进行分析，且两者关系的判断仍然存在分歧。已有研究结论的不一致性表明行业产能过剩对不同企业可能会有不同的出口效应，因此研究两者关系时需要考虑企业异质性。

　　（3）既有文献已经关注到关税、汇率、出口退税、环境规制等政策因素对企业出口产品质量的影响，并且部分学者也从行业产能利用率、地方政府反应以及企业系统性风险等视角入手，考察了产能调控政策的有效性问题。然而，目前还没有文献将两者结合，即从企业出口产品质量视角考察产能调控政策的有效性问题。深入考察这一问题有助于深化对产能调控政策效果的认识，为推进供给侧结构性改革与提升出口产品质量构筑理论支撑。

第 3 章 中国工业产能过剩的多维分解 与形成根源：基于产能利用率 指标分析

3.1 引言

中国产能过剩问题由来已久，并严重干扰了中国经济的可持续发展 （史丹，2020）；而且，当前中国产能过剩问题依然突出，化解产能过剩的 任务仍旧艰巨。为解决产能过剩等结构性问题，防范经济风险发生，国家 多次强调供给侧结构性改革的重大战略部署，要求全面落实"去产能、去 库存、去杠杆、降成本、补短板"五大任务，提高供给体系效率，增强持 续增长动力。目前，中国经济的结构性矛盾已经有所改善，但当前发展问 题仍主要集中在供给侧（刘鹤，2020）。2021 年 1 月，国家要求坚持深化 供给侧结构性改革这条主线，继续完成"三去一降一补"的重要任务。作 为"三去一降一补"的首要任务，化解产能过剩首先需要厘清相关事实， 寻找导致产能过剩的根本原因。

然而，中国目前缺乏一套涵盖工业整体、行业、地区以及企业产能利 用率的自下而上的统计监测体系，从而无法彻底、全面地认识当前工业产 能利用率现状，这也是产能过剩问题难以解决的重要原因之一（黄秀路 等，2018）。关于产能利用率的估算，国内外学者和机构主要采用调查法、 峰值法、数据包络分析法和函数法，进而反推产能过剩（阎虹戎和严兵， 2021）。但每种测算方法均有其优点与不足之处，学术界并没有一种公认 的最佳测算方法，并且不同测算方法得到的产能利用率可比性较差。比较 而言，函数法有着微观理论作为支撑，与管理层基于经验认知的现实产能更为贴近。

此外，国内外学术界仍未对产能过剩的形成原因达成共识。纵观现有文献，大致可将产能过剩的形成原因划分为两大类：市场因素与非市场因素。在市场需求较快增长时，保留一定的过剩生产能力以阻止竞争对手进入市场或增加产量，进而维持市场势力，获得超额利润，是企业最优化决策的结果；当市场需求由持续扩张转向萎缩时，由于企业维持现有生产能力所需成本往往小于调整生产要素产生的调整成本，造成企业生产能力的"易进不易退"，使得企业生产能力不能及时退出市场。可以说，中国产能过剩有市场因素的作用。从非市场因素来看，中国由计划经济向社会主义市场经济转型过程中，尚未建立完善的市场调节机制，使得产能过剩具有很强的体制性特征。尤其是 20 世纪 80 年代开始实行行政性分权之后，地方政府官员之间的政治锦标赛和财政激励成为中国政府体制的一大特征，使得地方政府成为生产型政府；而政府的行业偏好和基于不同所有制的干预，造成生产要素价格扭曲，使得这些企业和行业的成本外部化，无法形成基于市场机制的投资收益与成本的关系，进而导致过度投资，引发产能过剩。需要注意的是，大多数已有文献从市场或非市场因素中的某一方面着手研究，忽视了产能过剩的根源所在。事实上，从资源配置视角来看，产能过剩的根源在于资源的非效率配置，因此促进资源从产能过剩行业或企业流出，促进产能过剩行业或企业间资源重组以调整供给结构，是解决产能过剩问题的根本所在，是提升中国工业产能利用率的原始起点。

基于此，借鉴范林凯等（2019）的拓展成本函数法测算中国工业企业的产能利用率，厘清其时序演进、行业分布、地区布局以及微观企业层面的典型事实，并借鉴 OP 与 DOP 分解框架，对总量产能利用率进行静态与动态分解，以期得到产能利用率的水平差异与变动来源，进而探究产能过剩形成的根源。与既有文献相比，可能的边际贡献主要有：其一，较为全面地揭示了中国工业整体、行业、地区以及企业层面的产能利用率特征，有助于厘清相关事实，为政府政策制定与执行提供事实依据。其二，首次将 OP 与 DOP 分解框架应用于工业产能利用率，并分析中国工业产能利用率增长的来源结构在不同时期、行业、地区以及企业等多个维度的差异性，据此能够从资源配置这一本质研究产能过剩的形成原因，判断企业进入退出行为对产能利用率的影响。

3.2 研究方法与数据说明

3.2.1 指标测算与分解框架

（1）指标测算。参考莫里森（1985）、范林凯等（2019）的做法，本章基于拓展成本函数法推导企业短期成本最小化产出，进而估算工业企业产能利用率。具体测算过程如下：假设企业采用一定的技术（A_{ijt}）将资本（K_{ijt}）、劳动（L_{ijt}）和中间投入（M_{ijt}）转化成总产出（Y_{ijt}），具体的生产函数形式为：

$$Y_{ijt} = A_{ijt} K_{ijt}^{\alpha} L_{ijt}^{\beta} M_{ijt}^{\gamma} \qquad (3-1)$$

企业的短期平均成本函数为：

$$STAC = \frac{1}{Y_{ijt}}(P_K^t \bar{K}_{ij} + P_L^t L_{ijt} + P_M^t M_{ijt}) \qquad (3-2)$$

利润函数为：

$$\pi_{ijt} = P_Y^t A_{ijt} K_{ijt}^{\alpha} L_{ijt}^{\beta} M_{ijt}^{\gamma} - (P_K^t \bar{K}_{ij} + P_L^t L_{ijt} + P_M^t M_{ijt}) \qquad (3-3)$$

其中，P_K^t、P_L^t、P_M^t、P_Y^t 分别表示 t 时期资本、劳动、中间投入和产出的价格；$\bar{K}_{ij}$ 表示 j 行业中 i 企业的短期资本存量，其在短期内是固定不变的。

通过求解企业利润最大化条件，即式（3-3）对 L_{ijt} 和 M_{ijt} 求偏导等于 0，可得：

$$M_{ijt}^* = \frac{\gamma}{\beta} \frac{P_L^t}{P_M^t} L_{ijt}^* \qquad (3-4)$$

将式（3-4）代入式（3-1）可得：

$$L_{ijt}^* = \left[A_{ijt}^{-1} \left(\frac{\gamma}{\beta} \frac{P_L^t}{P_M^t} \right)^{-\gamma} \bar{K}_{ij}^{-\alpha} Y_{ijt} \right]^{\frac{1}{\beta+\gamma}} \qquad (3-5)$$

$$M_{ijt}^* = \frac{\gamma}{\beta} \frac{P_L^t}{P_M^t} \left[A_{ijt}^{-1} \left(\frac{\gamma}{\beta} \frac{P_L^t}{P_M^t} \right)^{-\gamma} \bar{K}_{ij}^{-\alpha} Y_{ijt} \right]^{\frac{1}{\beta+\gamma}} \qquad (3-6)$$

将式（3－5）和式（3－6）代入式（3－2），然后对 Y_{ijt} 求偏导，可以求出企业短期成本最小化的产出水平：

$$Y_{ijt}^* = A_{ijt} \left(\frac{\gamma}{\beta} \frac{P_L^t}{P_M^t} \right)^{\gamma} \bar{K}_{ij}^{\alpha+\beta+\gamma} \left(\frac{\beta}{1-\beta-\gamma} \frac{P_K^t}{P_L^t} \right)^{\beta+\gamma} \quad (3-7)$$

于是，企业产能利用率为：

$$CU_{ijt} = \frac{Y_{ijt}}{Y_{ijt}^*} \quad (3-8)$$

（2）分解框架。通常而言，中观或宏观层面的产能利用率增长要么来源于微观企业自身的成长效应；要么来源于资源重新配置带来的产能利用率提升。本章参考奥利和佩克斯（1996）与梅利茨和波拉内茨（2015）提出的 OP、DOP 生产率分解框架①，基于式（3－8）得到的企业层面数据，通过加权平均得到中观或宏观层面的产能利用率，对总量产能利用率进行分解和比较，重点探讨中观或宏观层面产能利用率增长来源。

参照奥利和佩克斯（1996），在不考虑企业进入与退出情况下，可将 t 期总量产能利用率分解为两项，即企业产能利用率的简单平均值、企业产能利用率与市场份额的协方差：

$$CU_t = \overline{cu_t} + \sum_i (\theta_{it} - \bar{\theta}_t)(cu_{it} - \overline{cu_t}) = \overline{cu_t} + cov(\theta_{it}, cu_{it}) \quad (3-9)$$

其中，$\overline{cu_t} = \frac{1}{n_t} \sum_{i=1}^{n_t} cu_{it}$，$n_t$ 表示 t 期企业数量；$\bar{\theta}_t = \frac{1}{n_t} \sum_{i=1}^{n_t} \theta_{it} = \frac{1}{n_t}$，表示 t 期企业市场份额的简单平均值；$cov(\theta_{it}, cu_{it})$ 表示企业产能利用率与市场份额的协方差。值得注意的是，协方差项结合了企业产能利用率权重分布，只有当完全同质时取值为 0；基于企业异质性理论，协方差项能够反映不同产能利用率企业间的要素分布情况；如果协方差项为正，表明高于平均产能利用率的企业占有较多资源，企业间资源配置效率较高，否则相反。通

---

① 纵观已有文献，应用较为广泛的生产率分解框架包括 BHC（Baily et al.，1992）、GR（Griliches and Regev，1995）、FHK（Foster et al.，2001）、BG（Baldwin and Gu，2006）、DOP（Dynamic Olley-Pakes，OP 分解方法的扩展）等方法。相较于其他分解方法，DOP 分解能够真实反映存活企业间资源配置效率变化情况，能够克服分解中的年代效应问题，且适用于截尾数据（吴利学等，2016），因此本章采用 OP 与 DOP 方法对总量产能利用率进行分解。

过引入时间动态可以分析产能利用率变化来源，即在式（3-9）两边取时间差分：

$$\Delta CU_t = \Delta \overline{cu_t} + \Delta cov(\theta_{it}, cu_{it}) \qquad (3-10)$$

其中，ΔCU_t、$\Delta \overline{cu_t}$ 以及 $\Delta cov(\theta_{it}, cu_{it})$ 分别表示总体产能利用率、企业产能利用率简单平均值以及协方差的变化，表明行业总体产能利用率变化由行业内企业产能利用率简单平均值变化与不同产能利用率企业间要素分布变化共同决定。在此基础上，梅利茨和波拉内茨（2015）通过引入企业进入与退出对 OP 方法进行扩展，首先，将初始年份（$t-k$ 年）的总量产能利用率表示为存活企业与退出企业总量产能利用率之和；将结束年份（t 年）的总量产能利用率表示为存活企业与进入企业总量产能利用率之和：

$$CU_{t-k} = CU_{St-k} \sum_{i \in S} \theta_{it-k} + CU_{Xt-k} \sum_{i \in X} \theta_{it-k}$$
$$= CU_{St-k} + \sum_{i \in X} \theta_{it-k}(CU_{Xt-k} - CU_{St-k}) \qquad (3-11)$$

$$CU_t = CU_{St} \sum_{i \in S} \theta_{it} + CU_{Nt} \sum_{i \in N} \theta_{it} = CU_{St} + \sum_{i \in N} \theta_{it}(CU_{Nt} - CU_{St})$$
$$(3-12)$$

其中，S、X 与 N 分别表示存活、退出与进入企业集合；CU_{St-k}、CU_{Xt-k}、CU_{St} 与 CU_{Nt} 分别表示各类企业加权加总的产能利用率。其次，将式（3-12）减去式（3-11）并结合式（3-9）可得：

$$\Delta CU_t = \Delta \overline{cu_{St}} + \Delta cov_S(\theta_{it}, cu_{it}) + \theta_{Nt}(CU_{Nt} - CU_{St}) + \theta_{Xt-k}(CU_{St-k} - CU_{Xt-k})$$
$$(3-13)$$

式（3-13）中，等号右边第一项为组内效应，衡量存活企业的产能利用率简单平均值变化对总量产能利用率变化的贡献，代表存活企业自身产能利用率的变动效应。第二项为组间效应，衡量存活企业间资源配置效率变化对总量产能利用率变化的贡献；其值越大，则表明产能利用率较高的企业拥有较多生产要素，获得较多的市场份额，企业间资源配置效率对总量产能利用率提升的贡献越大；称为第一类资源再配置效应。第三项为企业进入效应，衡量新进入企业对总量产能利用率变化的贡献，若新进入企业产能利用率高于存活企业，该项为正。第四项为企业退出效应，衡量退出企业对总量产能利用率变化的贡献，若退出企业产能利用率高于存活企业，该项为负。将第三项与第四项加总定义为第二类资源再配置效应，用来衡量企业进入退出对总量产能利用率变化的贡献，并将第一类与第二类资源再配置效应合称为资源再配置效应。

3.2.2　数据说明

采用2000~2007年中国工业企业数据库测算企业产能利用率。该数据库涵盖了全部国有企业和规模以上非国有工业企业，是研究中国企业问题最为常用的数据库之一。为了满足研究需要，对工业企业数据库作了如下处理：第一，企业所在行业与地区编码的统一。参照各版《国民经济行业分类与代码》将不同年份的四位数行业分类按照GB/4754—2002标准进行统一，参照民政部网站上列示的行政区划相关调整对地区编码进行统一①。第二，企业样本跨年匹配。参照布兰特等（2012）的思路，利用法人代码、法人单位、电话和邮编等信息对企业进行跨年匹配，最终得到包含工业企业数据库中出现的所有企业的非平衡面板数据。第三，变量补充与异常值清理。首先，借鉴刘小玄和李双杰（2008）的做法补充2004年缺失的工业总产值指标，即工业总产值＝主营业务收入＋其他业务收入；其次，参考蔡洪滨和刘俏（2009）、聂辉华等（2012）的做法对异常样本进行清理，主要包括删除工业总产值，固定资产合计、职工从业人员以及中间投入缺失或小于0的观测值，删除职工总人数小于8人、主营业务收入低于500万元的观测值，删除累计折旧小于本年折旧、资产总计小于固定资产合计、资产总计小于流动资产合计等不符合会计准则的观测值。

根据产能利用率测度与分解的需要，构建一系列价格指数，具体包括固定资产价格指数、中间投入价格指数和产出价格指数。其中，固定资产价格指数参照李小平和朱钟棣（2005）的做法，用设备价格指数与建筑安装工程价格指数的加权平均值衡量，权重为设备费用与建筑安装工程费用占固定资产总值的比值；中间投入价格指数参照布兰特等（2012）的做法，利用中国2002年和2007年的投入产出表以及两位码行业生产者出厂价格指数计算得到；产出价格指数直接用两位码行业出厂价格指数代替。为了统一口径，上述价格指数均以2000年为基期进行换算。此外，本章用

---

① 具体参见http://www.mca.gov.cn/article/sj/xzqh/2019/.

到的企业投入、产出等指标，包括资本、劳动、中间投入、总产出、资本价格以及劳动力价格。其中，参照布兰特等（2012）的方法，采用永续盘存法估算企业资本存量实际值；采用工业企业数据库中的全部职工人数衡量劳动力投入；将工业中间投入除以上文构建的中间投入价格指数得到中间投入实际值；工业总产值现价除以产出价格指数作为企业总产出指标；资本价格用企业层面折旧率与按天数加权的 3～5 年期银行贷款利率之和减去通货膨胀率衡量；劳动力价格用企业本年应付工资总额与全部职工人数计算出人均工资，并根据各省份居民消费价格指数进行平减得到。

3.3　中国工业产能利用率的测算结果分析

3.3.1　总体分析与可信度检验

图 3 - 1 展示了 2000～2007 年中国工业企业产能利用率均值①、GDP 增长率及其变化趋势。结果显示，样本期内中国工业企业产能利用率呈现总体缓慢上升趋势，由 2000 年的 0.7236 上升至 2007 年的 0.8232，但总体水平不高。与 GDP 增长率进行比照可以发现，中国工业企业产能利用率的变化历程并不完全是顺周期的，2004 年之前表现为顺周期特征；2004 年之后为逆周期。具体地，受到亚洲金融危机、国外需求下降的影响，国内经济也遭受波及，2000～2002 年产能利用率水平较低，工业整体处于较为严重的产能过剩状态；2002～2004 年受益于加入 WTO 对国内经济发展的巨大推动作用，中国 GDP 平均增长率高达 10% 左右，产能利用率也较快提升，较样本初期分别上升了 4.31 个、10.72 个百分点，工业企业产能过剩问题有所缓解。2004～2007 年中国经济处于繁荣阶段，GDP 平均增速高达 11.65%，而工业企业产能利用率并没有呈现出同样的上升趋势。从图 3 - 1 中可以看出，2004～2006 年产能利用率出现阶段性下降，产能过剩问题再次加重，这与以钢铁等重工业为主导的产能过剩问题突出密切相关；2006 年至金融危机爆发前的一段时期中，中国的产能利用率水平上升，这可能

---

① 利用式（3-8）得到工业企业产能利用率后，以工业总产出为权重计算平均值。此外，使用简单平均与固定资产净值为权重的加权平均值得到的结果类似。

与政府产能管控措施有关。工业产能利用率演变趋势与 GDP 年均增速之间的不完全顺周期特征表明，对于正处于特殊发展阶段和体制环境下的中国来说，产能利用率的演变趋势是市场与非市场因素共同作用的结果。此外，产能利用率标准差（见图 3 - 2）也表现出波动中上升的特征，由 2000 年的 0.0834 上升至 2007 年的 0.1221，这表明中国工业企业产能利用率的内部差异不断扩大。

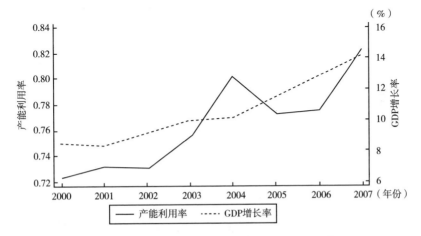

图 3 - 1 工业企业产能利用率均值与 GDP 增长率

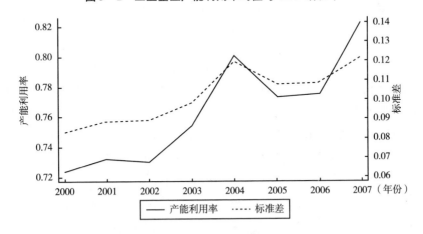

图 3 - 2 工业企业产能利用率均值与标准差

为了审慎对待测算结果，通过比照企业平均产能利用率与销售利润率以及改变测算方法，以验证本章产能利用率测算结果的可靠性（马红旗等，2018）。由于产能利用率能够反映一国经济运行状况，是一个重要的经济预警指标，尤其对于工业企业而言，它直接关系到企业的经营效益，因此，可以通过对两者进行比照间接验证本章产能利用率测算结果的可靠性。图3-3显示，2000~2007年工业企业平均产能利用率滞后一期的变动趋势与企业销售利润率变动趋势大体保持一致，即当 t 期企业平均产能利用率呈现上升趋势时，$t-1$ 期的企业销售利润率也表现出提升态势；反之亦然。而且，经过测算可知，企业平均产能利用率与销售利润率之间的相关系数为0.8028，表明两者高度相关。由此可见，测算的企业产能利用率具有较强的可信度。

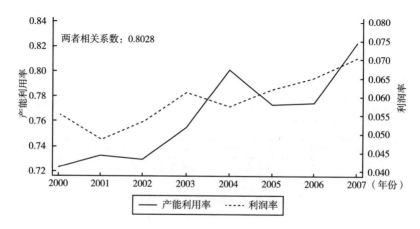

图3-3 工业企业产能利用率均值与利润率

进一步地，参考赵昌文等（2015）、马红旗等（2018）以及余森杰等（2018）的做法，利用超越对数成本函数法与考虑折旧的修正生产函数法测算企业产能利用率，并在补充中间投入、应付工资[①]等指标的基础上将样本期扩展至2013年，测算结果如图3-4所示。由于国家统计局公布了2006~2017年基于调查法得到的全国工业产能利用率数据[②]，这里同样将其作为对比分析的对象。不难发现：2000~2007年样本期内，虽然各种测算结果得到的产能利用率数据在绝对大小上存在差距，但其演进趋势大体一致；相比而言，基于生产函数理论拓展得出的成本函数法与国家统计局

[①] 借鉴余森杰等（2018）的做法补充2008~2013年缺失的中间投入和应付工资指标，中间投入值＝产出值×销售成本/销售收入－工资支付－折旧值；应付工资总额＝工资率（两位码行业城镇就业人员平均工资）×企业劳动力数量。

[②] 具体参见 http://www.stats.gov.cn/tjsj/zxfb/201801/t20180119_1575361.html.

公布的 2006~2007 年产能利用率最为接近。2007 年之后，三组产能利用率数据均呈现出较大波动；相比而言，基于生产函数理论拓展得出的成本函数法与国家统计局公布的产能利用率的演变趋势具有更高的契合程度。

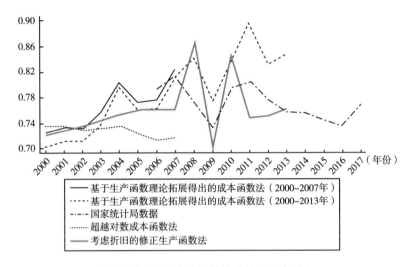

图 3-4　不同方法测算的产能利用率对比

3.3.2　行业分析

进一步对重工业与轻工业企业产能利用率、两位码行业产能利用率与增速以及四位码行业产能利用率进行分析，以更加全面、准确地了解行业层面产能利用率现状与发展动态，为化解产能过剩问题提供事实依据。图 3-5 中呈现了重工业、轻工业企业产能利用率各年均值及其演变趋势。从图中可以看出，重工业与轻工业平均产能利用率的演变趋势高度一致，但重工业低于轻工业，这与韩国高等（2011）、王自锋和白玥明（2017）、张少华和蒋伟杰（2017）的研究结论相吻合。其中的原因可能是：一方面，相对于轻工业而言，重工业的生产过程比较复杂，生产工序较多，需要由一系列企业按垂直分工的关系来生产不同的环节，产业关联效应强、产业链较长，地方政府引入重工业企业往往会吸引大量产业链上的关联企业跟随进驻，从而产生很强的投资带动效应和放大效应，并对地方就业、GDP 和财政收入产生巨大的贡献；因此，出现绝大多数地方政府对重工业过度扶持的现象，较易出现重复建设等问题，进而降低产能利用率。另一方面，相对于轻工业部门来说，重工业的固定资本形成周期长，设备专用性强且更新换代速度较慢，当受到冲击时重工业的调整难度较大（张少华和蒋伟杰，2017），因而容易出现产能利用率下降、产能过剩问题严重的现象。

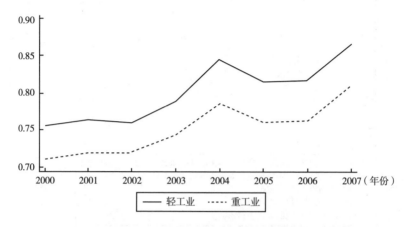

图3-5 轻、重工业企业平均产能利用率

表3-1中汇报了各主要行业的平均产能利用率及其增速。对于中国工业行业而言，平均产能利用率集中于60%~90%，其中产能利用率最低的三个行业依次为石油和天然气开采业（61.75%）、电力热力的生产和供应业（66.34%）、水的生产和供应业（67.66%）；产能利用率最高的三个行业依次为其他制造业（86.86%）、皮革毛皮羽毛（绒）及其制品业（85.27%）、纺织服装鞋帽制造业（84.28%）。2000~2007年，行业产能利用率基本呈现上升趋势，这与工业总体的演变趋势一致。概括来讲，采矿业和公共事业两大部门的产能利用率较低，这与行业特征密切相关。由于矿产资源禀赋因地而异，开采难度大不相同，且在资源枯竭后多数开采设备闲置，导致采矿业产能利用率较低。由于公共事业的非营利性特征，主要用来保障人们的基本生活需要，从而行业内企业不再仅仅以利润最大化为目标，而是根据民众的最大需求配置生产能力，导致其产能利用率偏低。此外，低产能利用率行业还包括石油加工、炼焦及核燃料加工业（68.09%）、化学纤维制造业（73.66%）、交通运输设备制造业（73.85%）等。从产能利用率增速来看，增速较快的行业主要是工业基础性行业与机械行业，可能的原因是，亚洲金融危机后中国主要依赖基础设施建设与房地产带动

经济增长，这直接带来工业基础性行业与机械行业产能利用率的快速提升。值得注意的是，产能利用率快速增长的行业并不完全表现出平均产能利用率偏低的特征。

表 3-1　　　　　　　部分行业平均产能利用率

行业代码	2000 年	2001 年	2002 年	2003 年	2004 年	2005 年	2006 年	2007 年	均值	增速（%）
07	0.6001	0.6053	0.6001	0.6109	0.6538	0.6026	0.5993	0.6680	0.6175	1.54
44	0.6500	0.6545	0.6506	0.6663	0.6838	0.6591	0.6564	0.6862	0.6634	0.78
46	0.6519	0.6537	0.6487	0.6692	0.7076	0.6824	0.6814	0.7176	0.6766	1.38
25	0.6346	0.6435	0.6424	0.6689	0.7159	0.6986	0.7063	0.7366	0.6809	2.15
06	0.6659	0.6673	0.6674	0.6903	0.7391	0.7272	0.7329	0.7828	0.7091	2.34
32	0.6648	0.6702	0.6728	0.7028	0.7604	0.7344	0.7335	0.7762	0.7144	2.24
28	0.6893	0.7117	0.7062	0.7297	0.7832	0.7442	0.7455	0.7832	0.7366	1.84
37	0.7042	0.7098	0.7053	0.7241	0.7241	0.7492	0.7501	0.7881	0.7385	1.62
14	0.7507	0.7585	0.7591	0.7875	0.8436	0.8098	0.8097	0.8609	0.7975	1.98
17	0.7574	0.7643	0.7616	0.7889	0.8488	0.8142	0.8148	0.8649	0.8019	1.91
13	0.7779	0.7869	0.7829	0.8102	0.8725	0.8389	0.8383	0.8936	0.8252	2.00
24	0.7931	0.7977	0.7945	0.8267	0.8832	0.8512	0.8505	0.9015	0.8373	1.85
18	0.7970	0.8036	0.8012	0.8315	0.8906	0.8543	0.8551	0.9092	0.8428	1.90
19	0.8008	0.8114	0.8097	0.8416	0.9062	0.8617	0.8673	0.9231	0.8527	2.05

注：由于 2000~2002 年采用 GB/4754—1994 国民经济行业分类与代码标准，而 2003~2007 采用 GB/4754—2002 标准，两个标准在行业代码上有细微变化，本章根据行业名称对两位码进行对照统一。表中的代码对照如下：石油和天然气开采业（07）、电力、热力的生产和供应业（44）、水的生产和供应业（46）、石油加工、炼焦及核燃料加工业（25）、煤炭开采和洗选业（06）、黑色金属冶炼及压延加工业（32）、化学纤维制造业（28）、交通运输设备制造业（37）、食品制造业（14）、纺织业（17）、农副食品加工业（13）、文教体育用品制造业（24）、纺织服装、鞋、帽制造业（18）、皮革、毛皮、羽毛（绒）及其制品业（19）。

依据国务院 2003 年 12 月《关于制止钢铁电解铝水泥行业盲目投资若干意见的通知》和 2006 年 3 月《关于加快推进产能过剩行业结构调整的通知》，将钢铁、电解铝、水泥、汽车、电石、焦炭、煤炭以及电力作为政府认定的产能过剩行业，共涉及 29 个四位码行业。根据本章测算结果，这类四位码行业在 2000~2007 年的平均产能利用率为 76.06%。然而，产能利用率低于 76.06% 的四位码行业共有 66 个，其平均产能利用率为 72.19%，包括食品、酒类、纤维制造、造纸、通信设备制造等行业。

这表明，相比于政府认定的过剩行业，尚有部分行业产能利用率水平更低，意味着政府在化解产能过剩问题时不应采取"一刀切"的措施，而应综合考虑细分行业甚至企业的产能利用率状况。

3.3.3 地区分析

中国工业产能利用率也表现出显著的地区异质性。本章将全国31个省份划分为沿海与内陆地区[①]，其工业企业平均产能利用率及其演变趋势如图3-6所示。结果表明，样本期内，沿海与内陆地区平均产能利用率都呈现缓慢上升趋势，这与工业总体的演变趋势一致，但沿海地区产能利用率高于内陆，这一结果类似于董敏杰等（2015）、张少华和蒋伟杰（2017）的研究，这意味着产能利用率与地区经济发展水平之间可能存在正相关关系，发达国家产能利用率高于发展中国家也证实了这一观点[②]。根据测算结果，样本期内沿海地区产能利用率平均值为77.38%，以75%作为判断产能过剩的标准，则沿海地区不存在产能过剩问题；而内陆地区产能利用率平均值为73.78%，存在产能过剩。

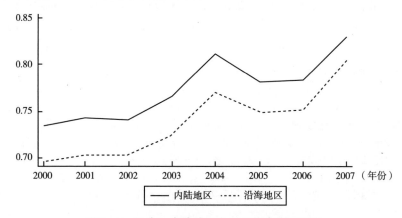

图3-6 沿海、内陆地区企业平均产能利用率

在省份层面（见图3-7），平均产能利用率最低的五个省份依次为黑龙江（67.88%）、新疆（68.23%）、青海（68.95%）、吉林（69.50%）、

---

① 沿海地区包括北京、天津、河北、辽宁、上海、江苏、浙江、福建、山东、广东、广西和海南；内陆地区包括山西、内蒙古、吉林、黑龙江、安徽、江西、河南、湖北、湖南、重庆、四川、贵州、云南、西藏、陕西、甘肃、青海、宁夏和新疆。

② OECD 商业趋势调查。

甘肃（69.83%）；平均产能利用率最高的五个省份依次为浙江（80.23%）、福建（79.11%）、江苏（78.27%）、广东（78.18%）、山东（78.18%），这与董敏杰等（2015）的研究结论大致吻合。从产能利用率增速来看，增速较快的省份主要是四川、湖南、内蒙古、江西、黑龙江；增速较慢的省份主要是海南、甘肃、陕西、湖北、上海。值得注意的是，产能利用率快速增长的省份并不完全表现出平均产能利用率偏低的特征。

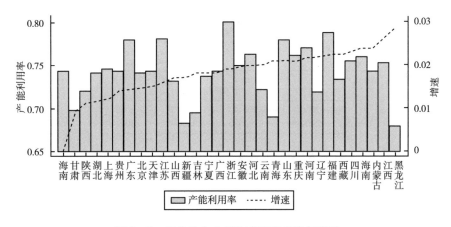

图3-7　各省份企业平均产能利用率与增速

3.3.4　企业层面特征

图3-8中展示了中国工业企业产能利用率各年份的分布动态特征。首先，在样本考察期内，以2005年为界，企业产能利用率的分布经历了右移→左移→右移的演变历程，总体上表现为向右平移特征。这说明，中国工业企业产能利用率从低水平向高水平逐渐攀升。其次，企业产能利用率分布的波峰向左偏移，且小于均值，右侧呈现出长尾延伸特征，即属于右偏态分布，表明高产能利用率的企业数量较少。最后，样本考察期内，企业产能利用率分布的波峰高度呈现出降低趋势，波峰宽度呈现出增加趋势，表明企业产能利用率的整体差异呈现出扩大趋势。

从所有制类型来看（见图3-9），2000~2007年国有企业与非国有企业平均产能利用率的发展趋势基本一致，但国有企业平均产能利用率始终低于非国有企业，且国有企业各年份的平均产能利用率均低于0.75，表明国有企业产能过剩程度较非国有企业更为严重，这与董敏杰等（2015）、马红旗等（2018）以及范林凯等（2019）的研究结论一致。这主要是由政府部门的过度干预造成的。

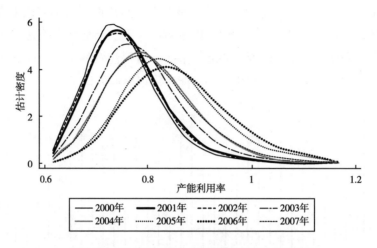

图 3-8　各主要年份企业产能利用率的核密度

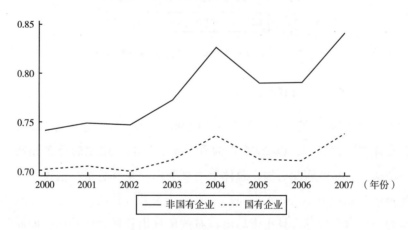

图 3-9　国有与非国有企业平均产能利用率

从企业规模来看，如图 3-10 所示，2000～2007 年大规模与小规模企业平均产能利用率的发展趋势基本一致，但大规模企业平均产能利用率始终低于小规模企业，这与张少华和蒋伟杰（2017）的研究结论相一致。这可能与样本期内中国正处于重化工业阶段相关，也与地方政府对特定行业的直接干预与帮扶有关。政府大力发展铁路、公路、水利工程等基础设施建设，诱发了相关产业的过度投资，降低了大规模企业产能利用率。与此同时，小规模企业在出口导向型政策下，较易获得多种生产要素与广阔的产品市场，进而提升其产能利用率。

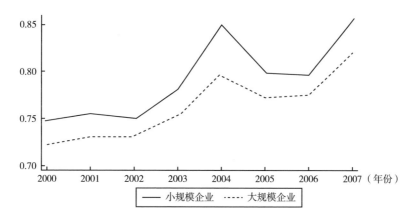

图 3 – 10　大规模与小规模企业平均产能利用率

3.4　中国工业产能利用率的分解结果分析

企业进入与退出是资源再配置的重要渠道，与产能过剩存在不可割裂的关联（余东华和邱璞，2016；周开国等，2018）。基于中国工业企业数据库计算可知（见表 3 – 2 和表 3 – 3），无论是借鉴毛其淋和盛斌（2013）还是杨汝岱（2015）的做法，即考虑三年或者两年数据判定企业进入与退出，对于工业总体而言，企业进入与退出活动较为剧烈，进入率均高于退出率。从非产能过剩行业来看，在三年标准下，虽然平均进入率与退出率均略高于工业总体平均水平，但与工业总体平均水平并没有显著差异，且进入率高于退出率，两年标准下结果类似。从产能过剩行业[①]来看，在三年标准下，虽然平均进入率与退出率均略低于工业总体平均水平，但与工

[①]　借鉴韩国高等（2011）、沈坤荣等（2012）以及席鹏辉等（2017），并结合本章产能利用率的测算结果，将行业区分为产能过剩行业和非产能过剩行业。其中，产能过剩行业包括煤炭开采和洗选业、石油和天然气开采业、黑色金属矿采选业、有色金属矿采选业、非金属矿采选业、造纸及纸制品业、石油加工炼焦及核燃料加工业、化学原料及化学制品制造业、化学纤维制造业、非金属矿物制品业、黑色金属冶炼及压延加工业、有色金属冶炼及压延加工业、电力和热力的生产和供应业。

业总体平均水平也没有显著差异，且进入率高于退出率，两年标准下结果类似。那么，"高进低出"特征是否会加剧产能过剩矛盾？产能过剩行业"高进低出"是否会导致产能过剩的固化？此外，本章描述了中国工业产能利用率典型事实，而总量产能利用率增长来源于微观企业自身的成长效应，还是资源重新配置带来的产能利用率提升？为此，借鉴 OP 与 DOP 分解框架，对总量产能利用率进行静态与动态分解，以期得到产能利用率的水平差异与变动来源。

表3-2　　产能过剩与非产能过剩行业中企业进入率与退出率（三年标准）　　单位:%

年份	工业总体		非产能过剩行业		产能过剩行业	
	进入率	退出率	进入率	退出率	进入率	退出率
2000	—	17.26	—	17.54	—	16.63
2001	20.19	11.83	21.12	12.14	18.05	11.10
2002	17.79	11.98	18.88	12.20	15.22	11.45
2003	20.94	19.20	21.39	19.22	19.85	19.15
2004	61.41	14.43	63.95	14.82	55.31	13.45
2005	12.31	8.00	11.88	7.85	13.38	8.36
2006	18.13	—	18.20	—	17.96	—
2007	19.57	—	20.13	—	18.17	—
均值	24.33	13.78	25.08	13.96	22.56	13.36

　　注：表3-2与表3-3中多个指标在2004年出现剧烈变动，这主要是由2004年企业样本数量的急剧增加引起的。众所周知，2004年是中国第一次全国经济普查年，所以该年度企业调查更为详细，从而导致企业样本量大幅增加，并改变企业的分布规律，其必然会导致一些测度指标发生剧烈变动。

3.4.1　静态分解

　　静态分解指的是，将总量产能利用率分解为企业个体产能利用率与要素资源在不同产能利用率企业间配置效率。基于式（3-9），采用 OP 方法对总量产能利用率进行逐年分解，得到组内效应（企业产能利用率水平）与组间效应（要素资源在企业间分配状况），进而分析总量产能利用率差异的来源构成。

表3-3　　　产能过剩与非产能过剩行业中企业进入率与退出率（两年标准）　　单位:%

年份	工业总体		非产能过剩行业		产能过剩行业	
	进入率	退出率	进入率	退出率	进入率	退出率
2000	—	18.18	—	18.50	—	17.44
2001	23.32	12.65	24.50	13.02	20.60	11.77
2002	18.66	13.63	19.78	14.01	16.02	12.72
2003	21.71	20.73	22.22	20.80	20.49	20.56
2004	62.94	15.96	65.59	16.46	56.55	14.70
2005	13.38	8.61	12.96	8.46	14.44	9.00
2006	19.70	8.60	19.90	8.27	19.20	9.43
2007	20.13	—	20.69	—	18.73	—
均值	25.69	14.05	26.52	14.22	23.72	13.66

表3-4中汇报了静态分解结果，可以看出：第一，产能利用率分解得到的组内效应占比均为100%以上，说明产能利用率主要由企业自身水平决定；从时间趋势来看，2000~2007年组内效应占比呈现波动上升趋势，表明产能利用率对于企业自身成长的依赖性有所上升。第二，对于组间效应，其占比较小且均为负值，说明产能利用率较低的企业占据了较多生产要素，存在资源错配现象；从时间趋势来看，2000~2007年组间效应占比波动下降，意味着企业间资源配置环境仍在进一步恶化，不利于整体的产能利用率提升。第三，对比组内和组间效应发现，组内效应占比始终远远超过组间效应，表明总量企业产能利用率主要由个体企业的产能利用率水平决定，而企业间资源错配导致总量产能利用率下降。

表3-4　　　　　　　　产能利用率静态分解结果

年份	组内效应	组间效应	总量产能利用率
2000	0.7523（103.98%）	−0.0288（−3.98%）	0.7235
2001	0.7619（104.11%）	−0.0301（−4.11%）	0.7318
2002	0.7587（103.90%）	−0.0285（−3.90%）	0.7302
2003	0.7888（104.50%）	−0.0340（−4.50%）	0.7548
2004	0.8552（106.73%）	−0.0539（−6.73%）	0.8013
2005	0.8116（105.02%）	−0.0388（−5.02%）	0.7728
2006	0.8115（104.69%）	−0.0364（−4.69%）	0.7751
2007	0.8680（105.45%）	−0.0449（−5.45%）	0.8232

3.4.2 动态分解

动态分解指的是，将总量产能利用率的变动幅度分解为存活企业产能利用率变动与企业间资源配置效率变动的贡献，并考虑企业进入退出的影响。基于式（3-13），采用 DOP 方法对总量产能利用率的变动进行分解，进而分析总量产能利用率变动的来源构成。表 3-5 中汇报了 2000~2007 年产能利用率动态分解结果。可以看出，在 2000~2007 年，中国工业产能利用率的增长幅度为 0.0996。其中，存活企业产能利用率变动效应最大（0.1040），对产能利用率增长的贡献率为 104.39%，表明产能利用率增长主要依赖于企业自身水平提高。其次是进入效应（0.0331），其贡献率为 33.22%，表明新进入市场的往往是产能利用率较高的企业。组间效应为 -0.0290，其贡献率为 -29.09%，这反映了产能利用率较低的企业总体上占据了较多资源，获得较多市场份额，存在资源错配现象，企业间资源再配置不利于产能利用率提升。退出效应为 -0.0085（贡献率为 -8.51%），意味着退出企业的产能利用率总体上高于存活企业平均产能利用率，导致"逆淘汰"现象，市场退出机制存在扭曲。表 3-5 第（6）列中第二类资源再配置效应的贡献率为 24.71%，表明企业进入退出行为总体上提升了产能利用率，并没有导致产能过剩固化问题。然而，第（7）列中资源再配置总效应的贡献率为 -4.39%，这主要是由存活企业间资源错配导致的。

表 3-5　　　　　　　　　产能利用率动态分解结果

项目	(1)	(2)	(3)	(4)	(5)	(6) = (4) + (5)	(7) = (3) + (6)
DOP	0.0996	0.1040 (104.39)	-0.0290 (-29.09)	0.0331 (33.22)	-0.0085 (-8.51)	0.0246 (24.71)	-0.0044 (-4.39)

注：第（1）列为总量产能利用率增幅；第（2）列为存活企业产能利用率变动效应；第（3）列为第一类资源再配置效应，即存活企业间资源再配置效应；第（4）列为进入效应；第（5）列为退出效应；第（6）列为第二类资源再配置效应，即企业净进入效应；第（7）列为资源再配置效应；圆括号外的数值代表各效应大小，圆括号内的数值代表各效应对产能利用率增长的贡献率，单位为%；下表同。

接下来，从不同时期、行业、地区以及企业等多个维度探讨总量产能利用率变动的来源。综合考虑中国经济景气周期、工业企业数据状况，分

2000～2003 年与 2005～2007 年两个时间阶段进行比较分析，并将样本期扩展至 2013 年，分解结果如表 3－6 所示。可以看出，2005～2007 年产能利用率增长幅度大于 2000～2003 年，这可能与中国经济正处于繁荣阶段有关。此外，这两个阶段产能利用率增长的来源结构有所不同。在两个时间阶段中，存活企业产能利用率变动效应均最大，且 2005～2007 年存活企业产能利用率变动效应大于 2000～2003 年，表明产能利用率对于企业自身水平的依赖性有所提高。从组间效应来看，2005～2007 年存活企业间资源再配置对总量产能利用率的负向作用更大，意味着资源错配现象进一步加剧。从第二类资源再配置效应来看，进入效应与退出效应均呈现收缩特征，即随着时间推移新进入企业对总量产能利用率变化的正向作用大幅减弱，这可能与产能调控政策内容中的"提高准入门槛"、政策实施过程中的信息不对称以及地方政府不完全执行中央政策的可能性有关；退出企业的负向作用也大幅减弱，市场退出机制得到完善；净进入效应的贡献率由17.86% 降为 1.49%，表明企业进入退出行为对总量产能利用率的提升作用大幅弱化。从资源再配置总效应来看，其对总量产能利用率的负向作用呈现增大趋势，贡献率从第一阶段的 －2.48% 变为第二阶段的 －29.27%，这种资源再配置效率的恶化主要来源于存活企业间与新进入企业。此外，在2000～2013 年，产能利用率增长的分解结果与 2000～2007 年类似，主要结论没有发生本质变化。

表 3－6　　　　产能利用率动态分解结果（不同时间阶段）

期间	(1)	(2)	(3)	(4)	(5)	(6)=(4)+(5)	(7)=(3)+(6)
2000～2003 年	0.0313	0.0321 (102.48)	－0.0064 (－20.34)	0.0108 (34.41)	－0.0052 (－16.55)	0.0056 (17.86)	－0.0008 (－2.48)
2005～2007 年	0.0504	0.0651 (129.27)	－0.0155 (－30.76)	0.0024 (4.74)	－0.0016 (－3.25)	0.0008 (1.49)	－0.0148 (－29.27)
2000～2013 年	0.1487	0.1800 (121.08)	－0.0745 (－50.11)	0.0608 (40.91)	－0.0177 (－11.88)	0.0432 (29.03)	－0.0157 (－21.08)

中国工业产能利用率增长的来源结构不仅在不同时间阶段上存在差异，不同行业、地区也有各自特点。为了比较不同行业、地区的状况，对

过剩与非过剩行业、重工业与轻工业、沿海与内陆地区的产能利用率增长来源进行 DOP 分解，具体结果如表 3 - 7 所示。大多数分样本的分解结果与工业总体的结果类似：组内效应最大；组间效应均为负；进入效应均为正；退出效应均为负；净进入效应均为正。当然，不同分样本之间也有一定区别。从政府认定过剩与非过剩行业来看，政府认定过剩行业产能利用率增长幅度（0.0872）小于非过剩行业（0.1088）；政府认定过剩行业存活企业产能利用率变动效应的贡献率、存活企业间资源再配置效应的贡献率绝对值、进入效应的贡献率以及退出效应贡献率的绝对值均大于非过剩行业；最重要的是，政府认定过剩行业的资源再配置总效应为负（－0.0222），而非过剩行业为正（0.0061），意味着在政府认定过剩行业中资源错配现象严重，不利于行业产能利用率提升。本章认定过剩行业和非过剩行业的分解结果，与政府认定过剩行业和非过剩行业的结果类似，不同之处在于本章认定非过剩行业的企业进入退出行为对行业产能利用率的提升作用更加明显。从重工业与轻工业来看，重工业产能利用率增长幅度小于轻工业；由于组内效应与资源再配置总效应此消彼长的关系，重工业组内效应大于轻工业，资源再配置总效应小于轻工业，表明重工业资源错配现象更加严重。从不同区域来看，沿海与内陆地区分解结果虽然也有差异，但并没有行业分类中的差异明显。

表 3 - 7　　　　　产能利用率动态分解结果（不同行业与地区）

类型	(1)	(2)	(3)	(4)	(5)	(6) = (4) + (5)	(7) = (3) + (6)
政府认定 过剩行业	0.0872	0.1095 (125.50)	－0.0425 (－48.77)	0.0391 (44.82)	－0.0188 (－21.54)	0.0203 (23.28)	－0.0222 (－25.50)
非过剩 行业	0.1088	0.1026 (94.36)	－0.0205 (－18.84)	0.0294 (27.05)	－0.0028 (－2.58)	0.0266 (24.48)	0.0061 (5.64)
本章认定 过剩行业	0.0679	0.0947 (139.45)	－0.0349 (－51.36)	0.0082 (12.09)	－0.0001 (－0.18)	0.0081 (11.91)	－0.0268 (－39.45)
非过剩 行业	0.1049	0.1059 (100.94)	－0.0276 (－26.27)	0.0357 (34.05)	－0.0091 (－8.71)	0.0266 (25.34)	－0.0010 (－0.94)
重工业	0.0993	0.1084 (109.11)	－0.0327 (－32.97)	0.0307 (30.87)	－0.0070 (－7.01)	0.0237 (23.86)	－0.0090 (－9.11)

续表

类型	(1)	(2)	(3)	(4)	(5)	(6) = (4) + (5)	(7) = (3) + (6)
轻工业	0.1112	0.0944 (84.94)	-0.0136 (-12.20)	0.0381 (34.25)	-0.0078 (-6.99)	0.0303 (27.26)	0.0167 (15.06)
沿海地区	0.0955	0.1011 (105.85)	-0.0258 (-27.00)	0.0305 (31.95)	-0.0103 (-10.80)	0.0202 (21.15)	-0.0056 (-5.85)
内陆地区	0.1089	0.1119 (102.72)	-0.0341 (-31.30)	0.0376 (34.47)	-0.0064 (-5.88)	0.0311 (28.58)	-0.0030 (-2.72)

中国工业产能利用率增长的来源结构差异还体现在不同企业类型上，依据企业所有制类型与规模对工业企业进行分类，并对各分样本的产能利用率增长来源进行 DOP 分解，分解结果如表 3-8 所示。从企业所有制类型来看，其分解结果与工业总体的结果类似：组内效应最大；组间效应均为负；进入效应均为正；退出效应均为负。但进一步比较发现，国有企业产能利用率增长幅度（0.0377）远远小于非国有企业（0.1007）；国有企业的净进入效应为负，不利于总量产能利用率的提升，这主要由国有企业市场退出的严重扭曲所导致；国有企业资源再配置对总量产能利用率的贡献率为 -151.57%，存在严重的资源错配现象。从企业规模来看，小规模企业的组间效应为正，表明产能利用率较高的企业占据了较多资源；退出效应为负但数值较小，资源再配置总效应为正，意味着小规模企业样本中，市场在资源配置方面发挥了主要作用，能够实现资源优化配置。

表 3-8　　　　产能利用率动态分解结果（不同类型企业）

类型	(1)	(2)	(3)	(4)	(5)	(6) = (4) + (5)	(7) = (3) + (6)
国有企业	0.0377	0.0948 (251.57)	-0.0394 (-104.63)	0.0182 (48.23)	-0.0359 (-95.17)	-0.0177 (-46.94)	-0.0571 (-151.57)
非国有企业	0.1007	0.1077 (106.91)	-0.0176 (-17.43)	0.0176 (17.49)	-0.0070 (-6.97)	0.0106 (10.53)	-0.0070 (-6.91)
大规模企业	0.0996	0.1114 (111.91)	-0.0362 (-36.40)	0.0321 (32.20)	-0.0077 (-7.71)	0.0244 (24.49)	-0.0119 (-11.91)
小规模企业	0.1096	0.0785 (71.63)	0.0134 (12.18)	0.0241 (21.96)	-0.0063 (-5.77)	0.0177 (16.18)	0.0311 (28.37)

以上结果表明，中国工业产能利用率增长主要依赖于企业自身水平提高的核心结论不变，但第一、第二类资源再配置对工业产能利用率增长的影响存在时间阶段、行业、所有制以及企业规模上的差异。更为重要的是，不同行业、所有制以及企业规模的差异进一步揭露了中国工业产能利用率增长来源结构变动的内在机制。

3.5　本章小结

基于 2000～2007 年中国工业企业数据库测算企业产能利用率，深入剖析中国工业企业产能利用率的时序演进、行业分布、地区布局以及微观企业层面特征，并借鉴 OP 与 DOP 分解框架，对总量产能利用率进行静态与动态分解，得出以下主要结论：

（1）中国工业总体产能利用率呈现缓慢上升趋势，但总体水平不高，且其变化历程并不具有明显的顺周期性。

（2）中国工业产能利用率存在行业、地区、企业等多个维度的差异性。从行业差别来看，采矿业和公共事业两大部门的产能利用率较低，重工业产能利用率低于轻工业；相比于政府认定的过剩行业，尚有部分四位码行业产能利用率水平更低；增速较快的行业主要是工业基础性行业与机械行业。从地区差异来看，内陆地区产能利用率低于沿海；产能利用率快速增长的省份并不完全表现出平均产能利用率偏低的特征。从企业差异来看，企业产能利用率分布呈现右偏态特征，即高产能利用率的企业数量较少；国有企业平均产能利用率低于非国有企业；大规模企业平均产能利用率始终低于小规模企业。

（3）静态与动态分解结果显示：产能利用率提升主要依赖于企业自身水平提高，且这种依赖性仍在增加；产能利用率较低的（存活）企业占据了较多生产要素，且企业间资源配置环境仍在进一步恶化；新进入市场的往往是产能利用率较高的企业，但新进入企业的拉动作用呈下降态势；退出企业的产能利用率总体上高于存活企业平均产能利用率，导致"逆淘汰"现象，市场退出机制存在扭曲；企业进入退出行为总体上提升了产能利用率，并没有导致产能过剩固化问题，但企业进入退出行为对总量产能利用率的提升作用大幅弱化；资源再配置总效应的贡献率为负，这主要是由于存活企业间资源错配所导致的，且负向作用呈现增大趋势；中国工业产能利用率增长的来源结构，在不同时期、行业、地区以及企业等多个维度存在差异。

第4章 行业产能过剩对正常企业 出口二元边际的影响

4.1 引言

自加入 WTO 以来，中国的出口总额从 2001 年的 2661.5 亿美元增加到 2008 年的 14306.9 亿美元，年均增长率高达 27.16%。但随后，复杂多变的国内外环境对中国企业出口活动产生了较大冲击，出口增速开始趋缓，2012 年之后出口增速下滑至 10% 以下。出口增速下滑带来的经济增长乏力引发了社会各界的极大关注，大量学者从宏观和微观视角重点考察了贸易摩擦、融资约束、汇率波动、对外直接投资等因素对中国企业出口的影响（孙灵燕和李荣林，2012；王孝松等，2015；许家云等，2015；张国峰等，2016）。然而，一个令人不解的现象却极少受到关注，那就是中国企业出口增速下滑是与较为严重的产能过剩相伴随的。那么，这两者之间是否存在某种关联呢？

从理论上来讲，产能过剩意味着供大于需，则不管是出于消化过剩产能的意愿还是供给能力，企业都有巨大的动力和能力增加出口。如亚历克斯和麦克奎德（2013）和贝尔克等（2015）分别基于印度尼西亚和五个欧元区国家数据的研究，发现受产能约束与边际成本递增因素的影响，产能过剩企业更倾向于进行出口贸易；一些基于中国数据的实证研究也发现，行业产能过剩的加重会促进企业出口，甚至会激励产品质量升级（周瑞辉，2015；高晓娜和兰宜生，2016）。一些文献分析了出口倾销现象，认为发展中国家政府补贴造成的产能过剩，诱发企业以低于成本价格大量出口（Blonigen and Wilson，2010）；甚至为消化过剩产能，企业可能人为地降低价格以扩大出口（余淼杰和崔晓敏，2016）。基于以上理论基础，像中国这样的发展中出口大国遭到了越来越多的双反调查，由此，很有必要深入剖析产能过剩对企业出口的影响机制。

从政策措施来看，除了加大供给侧结构性改革力度外，从需求侧做加法也被认为是化解中国产能过剩问题的一个重要举措，其中包括开拓国际市场以促进出口。然而，从直观的现实来看，出口并没有成为化解产能过剩的有效方法，国家统计局数据显示，2016 年全国工业产能利用率为73.3%，整体上低于国际公认标准 79% ~82%，甚至低于严重产能过剩标准 75%（钟春平和潘黎，2014），而在 2015 年和 2016 年中国的出口却出现了负增长。而且，已有部分研究佐证了产能过剩对企业出口的抑制效应。周瑞辉（2015）基于二位码行业数据，分析发现在低产能过剩行业中，产能过剩的恶化会抑制行业出口强度的增加；刘军（2016）考察了"出口—产能假说"对中国企业的适用性，发现产能利用率高的企业更倾向于出口，即企业自身的产能过剩会抑制其出口倾向；王自锋和白玥明（2017）研究发现，行业产能过剩会促进国有企业和重工业企业的出口增加，而私营外资企业和轻工业企业的出口会减少。已有研究结论的不一致性表明，行业产能过剩对不同企业可能会有不同的出口效应，因此，研究行业产能过剩对企业出口行为的影响时需要考虑企业异质性。

当前，产能过剩引发的产业组织恶化、社会资源浪费、企业利润下降、金融风险增加等问题已经引起了社会各界的关注（江飞涛等，2012；赵昌文等，2015），但产能过剩对企业出口的影响还未引起足够重视。少数的相关文献侧重研究企业产能过剩对自身出口的影响，或者从行业层面进行分析。实际上，产能过剩行业中僵尸企业比重较高，根据王永钦等（2018）的测算，汽车制造业和铁路、船舶、航空航天及其他运输设备制造业僵尸企业加权资产占比在 1999 年分别为 44.91% 和 40.06%，到 2007 年仍分别为 11.18% 和 15.09%；石油加工、炼焦和核燃料加工业该值在1999 年为 29.24%，到 2007 年仍高达 23.36%。此外，基于中国产能过剩形成机制，产能过剩企业更容易获得政府补贴、银行贷款倾斜等方面的扶持（王文甫等，2014；钱爱民和付东，2017），这些使得产能过剩企业出口行为的市场机制缺失。而数量占大头的正常企业（非产能过剩企业）才是中国出口的主力军，本章测算结果表明，在 2000 ~2007 年，数量占比

60. 31% 的正常企业，其出口额占行业总出口额的 78. 92% ；2008 ~ 2013 年，正常企业的数量占比上升到 91. 78% ，出口额占比则上升为 98. 62% 。因此，要深入了解产能过剩对中国企业出口的影响机制，需要把研究对象集中于正常企业。这也是近年来一些文献如陈等（2016）、王永钦等（2018）、李旭超等（2018）以及金祥荣等（2019），重点分析僵尸企业对非僵尸企业不同方面影响的原因。

为此，基于 2000 ~ 2007 年中国工业企业数据库，实证研究产能过剩对行业内正常企业出口决策和出口规模的影响，并检验其背后的作用机制。与既有文献相比，本章可能的边际贡献主要有：（1）开拓了企业出口影响因素的视角。现有文献主要从贸易政策、中间品进口、汇率等因素研究其对企业出口的影响，而对中国这样的发展中国家，产能过剩是一个长期存在的典型行业现象，迄今为止还鲜有文献分析行业产能过剩对企业出口的影响，本研究不但有助于深化出口贸易理论，而且还能为探究企业出口波动提供新的视角。（2）着重分析了行业产能过剩对正常企业出口行为的影响。多数分析没有考虑行业内产能过剩企业和正常企业的异质性，这两类企业不但自身的产能过剩程度存在较大差别，而且相对于产能过剩企业，正常企业的市场竞争力、财务状况等基本面一般会更好，行业产能过剩对这两类企业出口的影响机制有较大区别；此外，正常企业作为市场出口的主体，深入分析行业产能过剩对其出口行为的影响，有助于深入理解中国出口疲软的深层机制。（3）为减弱行业产能过剩对正常企业出口的影响提供了实践支撑。本章综合运用 Probit 模型、面板固定效应模型、Heckman 两步法、工具变量法以及构造准自然实验等方法，检验产能过剩对行业内正常企业出口行为的影响机制与调节机制，这对于产能过剩问题"久治不愈"的背景下，如何缓解产能过剩对正常企业出口的负面冲击提供了有益的思路与政策支持。

4.2　理论分析与研究假设

基于产业组织理论中的"结构—行为—绩效"分析范式，行业特征是影响企业出口行为的重要因素（Cavusgil and Zou，1994；符大海和唐宜红，

2013）。行业产能过剩作为一种非期望的投入产出状态，是经济系统低效运行的重要体现，其形成的直接原因是行业中存在大量过剩、落后的产能无法在市场机制的牵引下及时、有效地退出市场，使得其最终体现为供给大于需求。产能过剩的持续存在会带来社会资源的闲置和浪费（席鹏辉等，2017）以及产业组织的恶化，并引发行业内企业间的恶性竞争、降低企业经营绩效（林毅夫等，2010；江飞涛等，2012；赵昌文等，2015）；在严重的情况下甚至会产生"劣币驱逐良币"的现象，迫使经营状况良好的正常企业退出市场。由此，产能过剩引致的产业结构和市场竞争变化，会影响企业出口活动。

行业产能过剩对企业微观层面的出口行为，进而对一国宏观层面出口的影响主要集中在两个方面：一是对企业出口决策的影响，即产能过剩恶化是否会促使大量的非出口企业开始出口，或者曾经出口但已退出出口市场的企业又开始出口；二是对企业出口规模的影响，即出口企业是否会因为行业产能过剩程度加深而增加出口规模。一般来说，行业产能过剩带来的整个行业供过于求，会加剧市场竞争，国内市场销售难度增大，但由于固定投资的沉淀成本，以及减产的"搭便车"动机（Takahashi，2015；Tetsuji et al.，2018），即使库存增加，企业往往并不一定会选择减产，而是更愿意通过降价、出口等方式来消化产能。因此，随着行业产能过剩程度加深，企业进入出口市场和增加出口量的意愿会上升，政府也会通过出口退税等方式来鼓励企业出口。但基于企业异质性的出口自选择效应表明，企业进入出口市场因为需要进行消费者信息收集、营销渠道设立等而面临固定成本；同时，为满足出口目的地的产品标准和市场需求，出口产品在料件购买和处理等方面与内销产品往往会有不同，为此，企业进入出口市场需要事先支付大量的贸易成本（刘晴等，2017）。基于出口增长的二元边际理论，对于已经进入出口市场的企业来说，出口规模的增长要么通过对已进入出口目的地的出口量的集约边际增长；要么通过进入更多新的出口市场的扩展边际增长。前者需要支付更多的可变贸易成本；后者则需要支付更多的固定成本，而且，进入市场需求更大的发达目的地需要支付的固定成本更高。

可见，行业产能过剩程度加深会增强企业进入出口市场和增加出口规模的意愿，但最终的出口行为还取决于企业的出口能力。正如钱尼（2016）和马诺瓦（2012）等学者所强调的，企业必须有足够的流动性（流动性越大融资约束越小）才能克服沉没成本，进入出口市场，因此，出口企业或有意愿出口企业能否事先支付大量的贸易成本，这取决于与企业国内市场盈利能力相关的现金流和融资约束。其次，企业进入出口市场或者增加出口规模能否盈利以弥补贸易成本，这与企业产品国际竞争力息息相关。

在中国，产能过剩严重的基本是投资规模大的行业，其原因是这些行业对当地的经济发展、财政收入以及就业有巨大的贡献，地方政府愿意通过优惠税率、融资支持、降低环境执行标准等各种手段吸引资本进入本地（江飞涛等，2012）。当行业产能过剩程度上升，低效率产能过剩企业增多时，地方政府为了避免产能过剩企业退出而引发失业增加、GDP增速下滑等问题，往往又会补贴产能过剩企业（柳庆刚和姚洋，2012；范林凯等，2015），这些使得产能过剩企业比正常企业的成本低，更有动力通过降低价格来竞争。在信息不对称条件下，银行等金融机构依赖于"软信息"（如营商环境、企业声誉等）提供贷款（林毅夫和孙希芳，2005；王博等，2017），产能过剩会因为整个行业的财务状况趋于恶化，以及市场需求小于供给而向金融机构等发出不利于授信的信号，从而在一定程度上加强该行业内企业的融资约束；然而，对于已经获得银行信贷的产能过剩企业而言，银行迫于政府的压力（纪志宏等，2014；王永钦等，2018），以及自身为了缓解不良贷款压力，并满足对产能过剩企业的监管需要，往往会选择继续为产能过剩企业续贷。因此，行业产能过剩越严重，一方面行业所能获得的总融资额度减少；另一方面产能过剩企业因政府干预、银行支持等而占据的社会资金越多，这会使得同行业内正常企业的融资约束更加收紧。此外，产能过剩引发的价格竞争也会拉低同行业内正常企业的价格和利润，使得抵押资产价值下降，正常企业从民间等其他渠道获得融资的难度和成本上升，降低了企业事先支付大额贸易成本的能力，进而抑制了非出口企业参与出口和出口企业扩大出口规模的行为。

对制造业企业来说，技术进步和结构升级是影响产品国际竞争力的重要因素（赵英，2007；余东华和孙婷，2017）。产能过剩行业内虽然市场竞争激烈，但市场需求增长疲软和财务状况恶化，会降低正常企业对行业增长的预期，降低其创新的预期收益，从而遏制其进行技术创新的动力。另外，由于中国的金融体系建设明显落后于发达国家，企业普遍面临融资约束问题（林毅夫和孙希芳，2008；World Bank，2013），行业产能过剩在进一步推高正常企业融资难度和成本的同时，会增加正常企业的经营成本，制约正常企业资本劳动比的提升（张杰，2015），进而降低正常企业的研发投入能力；而且，面临融资约束的正常企业难以支付高固定成本进入发达出口目的地，从而弱化了企业升级产品结构的动力，因而也就无法通过企业内资源的重新配置来提高配置效率。

尤其是当行业产能过剩严重时，产品市场供需平衡被打破，行业内企业之间的恶性竞争，使正常企业不能通过竞争来获取更高的市场份额，限制了其规模效应的发挥，阻碍正常企业的技术进步（诸竹君等，2019）。此外，行业产能过剩扭曲了生产要素的配给机制，阻碍了经济系统"创造性破坏"的过程，进而间接影响正常企业的技术进步；而且，产能过剩企业的大量存在侵占了正常企业的投入要素，导致正常企业创新能力和生产率的下降（Restuccia and Rogerson，2017；王永钦等，2018）。因此，行业产能过剩越严重，正常企业受到的技术钳制效应越强烈。

综合上述分析，提出如下理论假设：

假设1：产能过剩会抑制行业内正常企业的出口决策与出口规模。

假设2：产能过剩会加剧行业内正常企业的融资约束和技术钳制，进而影响其出口行为。

4.3　数据、模型与描述性统计

4.3.1　数据选取与处理

同样以2000~2007年中国工业企业数据为主要研究样本，同时辅之以2008~2013年数据作为后文稳健性检验的一部分；数据处理与价格指数的构建方法如第3章3.1节所示。

4.3.2　产能过剩企业与正常企业对比分析

根据第3章测算结果，可以得到企业和行业层面的产能过剩率[①]。以

[①]　根据式（3-8）测算得到企业产能利用率后，产能过剩率 $SU_{ijt} = 1 - CU_{ijt}$，以企业总产出为权重，计算同一四位码行业内企业产能过剩率的加权平均值。此外，本章还使用简单平均与固定资产净值为权重的加权平均值作为稳健性检验。

产能利用率为 75% 作为判断标准，产能利用率大于 75% 界定为正常企业，小于或等于 75% 为产能过剩企业①；按照这一划分标准，2000～2007 年正常企业数量占比为 60.31%，2000～2013 年为 84.44%。为了更好地说明行业产能过剩的影响，借鉴韩国高等（2011）、沈坤荣等（2012）以及席鹏辉等（2017）的做法，将行业区分为产能过剩行业和非产能过剩行业（具体的行业划分见第 3 章），对比分析不同行业中的企业出口行为。

用 t 检验和 Wilcoxon 检验对比分析 2000～2007 年产能过剩行业与非产能过剩行业中，产能过剩企业与正常企业重要变量的均值和中位值。从表 4-1 可见，无论在产能过剩行业还是非过剩行业中，产能过剩企业的政府补贴②、利息支出、人均资本存量和就业人员均显著高于正常企业，而生产率水平却显著低于正常企业。这表明，产能过剩企业占据了较多社会资源但经营状况较差，对正常企业产生显著的挤出效应。

接下来进一步分析产能过剩企业与正常企业的出口行为。如表 4-2 所示，从不同类行业层面来看，产能过剩行业内出口企业数中过剩企业占比一直高于非产能过剩行业，2000～2007 年，该比值呈下降趋势，但产能过剩行业的下降幅度 19.89% 小于非产能过剩行业的 22.65%，而且这两个降幅也分别显著低于这两类行业中产能过剩企业数占比的下降幅度的 53.75% 和 47.78%，这意味着，虽然正常企业数量急剧增多，但在出口市场中正常企业数占比的增幅要小得多。从不同类型企业来看，2003 年以来，无论在产能过剩行业还是非产能过剩行业，产能过剩企业中出口企业数占比一直高于正常企业中出口企业数占比，也就是说正常企业的出口倾向低于产能过剩企业；但与产能过剩行业相比，非产能过剩行业内正常企业中出口企业数占比明显更高，这也表明行业产能过剩对正常企业出口可能存在一定的影响。

表 4-3 考察了不同类型企业的出口状态，从新增进入出口市场来看，无论是产能过剩行业还是非产能过剩行业，产能过剩企业的新增出口率趋于下降、正常企业则趋于上升，且在 2003 年之后正常企业的新增出口率均

---

① 依据钟春平和潘黎（2014），产能利用率的"合意"区间是 79%～82%，当产能利用率低于 75% 则判定为严重产能过剩。因此，在后文的实证分析过程中，基准回归以 75% 作为判断标准，并将这一标准替换成企业产能利用率的 25 分位数、79% 作为稳健性检验。

② 政府补贴用政府补贴收入除以销售收入衡量。

表 4-1　2000~2007 年产能过剩企业与正常企业的经营特征对比分析

变量	过剩行业						非过剩行业					
	正常企业		过剩企业		t 检验	Wilcoxon 检验	正常企业		过剩企业		t 检验	Wilcoxon 检验
	均值	中位数	均值	中位数	p-Value	p-Value	均值	中位数	均值	中位数	p-Value	p-Value
政府补贴（%）	0.0031	0.0000	0.0058	0.0000	0.0000	0.0000	0.0019	0.0000	0.0033	0.0000	0.0000	0.0000
利息支出（千元）	365.9513	77.0000	413.0352	106.0000	0.0000	0.0000	277.6638	45.0000	325.5600	70.0000	0.0000	0.0000
人均资本存量（千元/人）	74.1557	44.8270	116.5876	70.7352	0.0000	0.0000	51.1448	29.3020	97.3087	58.9223	0.0000	0.0000
就业人员（人）	149.8519	100.0000	185.5688	127.0000	0.0000	0.0000	170.1565	117.0000	170.7662	116.0000	0.0373	0.0800
TFP	4.5797	4.5631	3.7720	3.7638	0.0000	0.0000	4.4910	4.4489	3.7922	3.7735	0.0000	0.0000

表 4-2　2000~2007 年产能过剩企业与正常企业出口行为的对比分析

单位：%

年份	过剩行业				非过剩行业			
	出口且过剩企业数/出口企业总数	过剩企业数/总企业数	出口企业数/企业总数		出口且过剩企业数/出口企业总数	过剩企业数/总企业数	出口企业数/企业总数	
			过剩企业	正常企业			过剩企业	正常企业
2000	66.74	74.03	11.00	15.63	64.94	60.65	31.86	38.28
2001	65.46	69.37	11.78	14.08	60.30	58.75	32.97	35.15
2002	66.08	70.33	11.59	14.10	61.97	58.45	32.48	37.64
2003	61.85	55.66	13.62	10.55	45.93	53.55	39.68	29.24
2004	44.49	25.50	22.84	9.76	20.16	38.02	66.94	27.55
2005	44.36	42.22	16.72	15.33	36.29	42.05	40.11	31.49
2006	46.14	41.54	15.74	13.06	36.51	42.13	37.50	29.62
2007	46.85	20.28	23.43	6.76	17.15	38.00	63.80	21.55

注：表 4-2~表 4-4 中多个指标在 2004 年出现剧烈变动，这主要是由 2004 年企业样本数量的急剧增加引起的。众所周知，2004 年是中国第一次全国经济普查年，所以该年度企业调查更为详细，并改变企业样本量大幅增加，从而导致一些测度指标的分布规律，其必然会导致一些测度指标发生剧烈变动。

高于产能过剩企业；但总体来说，产能过剩行业内的产能过剩企业新增出口率高于非产能过剩行业的产能过剩企业，而正常企业的情况则相反，这说明行业产能过剩对正常企业出口可能产生影响。持续出口的情况类似，退出出口市场的情况则有所差异。具体而言，2003 年之后正常企业的出口市场退出率均高于产能过剩企业，但产能过剩行业内产能过剩企业出口退出率低于非产能过剩行业的产能过剩企业，且正常企业出口退出率高于非产能过剩行业的正常企业。可见，2003 年以来，正常企业的出口市场进入率虽然高于产能过剩企业，但出口市场退出率也高于产能过剩企业；此外，相比于非产能过剩行业的正常企业，产能过剩行业内正常企业的出口市场进入率和持续出口比率更低，而且出口市场退出率更高。从不同类型企业的出口持续时间来看（见表 4-4），无论是产能过剩行业还是非产能过剩行业，正常企业的平均出口持续时间均低于过剩企业；但总体上，产能过剩行业的企业平均出口持续时间低于非产能过剩行业。

表 4-3　　　　2000~2007 年不同类型企业的出口状态对比　　单位:%

年份	新进入出口市场率			
	过剩行业		非过剩行业	
	过剩企业	正常企业	过剩企业	正常企业
2000~2001	25.80	14.34	21.41	16.69
2001~2002	23.42	11.56	21.27	15.29
2002~2003	20.58	18.94	16.40	20.95
2003~2004	15.31	56.01	12.97	57.45
2004~2005	23.77	50.42	14.20	26.97
2005~2006	10.99	17.86	10.53	17.54
2006~2007	4.10	18.05	4.92	20.79
年份	持续出口率			
	过剩行业		非过剩行业	
	过剩企业	正常企业	过剩企业	正常企业
2000~2001	44.63	22.82	43.01	28.54
2001~2002	42.87	27.99	42.20	33.71
2002~2003	45.72	28.00	44.76	33.50

续表

年份	持续出口率			
	过剩行业		非过剩行业	
	过剩企业	正常企业	过剩企业	正常企业
2003~2004	28.55	32.60	25.47	39.37
2004~2005	11.45	54.13	10.56	57.49
2005~2006	22.71	48.72	23.62	54.03
2006~2007	20.02	39.93	23.13	51.80

年份	退出出口市场率			
	过剩行业		非过剩行业	
	过剩企业	正常企业	过剩企业	正常企业
2000~2001	22.11	10.44	17.64	10.81
2001~2002	18.72	10.09	14.31	9.83
2002~2003	15.84	9.17	13.04	8.88
2003~2004	18.45	20.91	15.06	20.02
2004~2005	7.57	29.79	6.13	25.42
2005~2006	10.00	20.57	7.89	14.12
2006~2007	12.77	29.41	8.68	16.05

注：（1）过剩行业内过剩企业的新进入出口率 = 过剩行业内过剩企业的新进入出口市场企业数/过剩行业的出口企业总数，过剩行业内非过剩企业的新进入出口率、非过剩行业内过剩企业新进入出口率以及非过剩行业内非过剩企业新进入出口率的计算类似；（2）过剩行业内过剩企业的持续出口率 = 过剩行业内过剩企业的持续出口企业数/过剩行业的出口企业总数，其他三个比重的计算方法类似；（3）过剩行业内过剩企业的退出出口率 = 过剩行业内过剩企业的退出出口市场企业数/过剩行业的出口企业总数，其他三个比重的计算类似。

表4-4　　　　2000~2007年不同类型企业的出口持续时间对比

出口数据年限（年）	产能过剩行业		非产能过剩行业	
	过剩企业	正常企业	过剩企业	正常企业
1	2419（39.94）	4126（39.03）	11319（33.82）	21881（33.46）
2	1317（21.74）	2426（22.94）	6430（19.21）	12350（18.88）
3	712（11.76）	1297（12.27）	4594（13.72）	9224（14.10）
4	571（9.42）	1086（10.27）	3784（11.30）	8999（13.76）

出口数据年限（年）	产能过剩行业		非产能过剩行业	
	过剩企业	正常企业	过剩企业	正常企业
5	308（5.09）	544（5.15）	2093（6.25）	4297（6.57）
6	258（4.25）	422（3.99）	1737（5.19）	3157（4.83）
7	233（3.84）	341（3.23）	1711（5.11）	2685（4.11）
8	240（3.96）	330（3.12）	1805（5.39）	2808（4.11）
总数	6057（100.00）	10572（100.00）	33472（100.00）	65401（100.00）
平均出口持续时间（年）	2.66	2.60	3.00	2.93

注：括号内数值为对应的占比，单位为%。

4.3.3 基准回归模型与主要变量的描述性统计

为实证考察产能过剩对行业内正常企业出口行为的影响，参照康志勇（2014）、孙浦阳等（2018）的模型设定，具体构建如下基准回归方程：

$$Pr(expoter\_dummy_{ijt} = 1) = \phi(\alpha_{1c} + \beta_{11} su\_industry_{jt} + \beta_{12}F_{ijt} + \beta_{13}I_{jt} + $$
$$\beta_{14}R_{pt} + \beta_{15}l.\,expoter\_dummy_{ijt} + \varepsilon_t + \varepsilon_j + \varepsilon_p + \mu_{ijt}) \tag{4-1}$$

$$\ln expoter_{ijt} = \alpha_{2c} + \beta_{21} su\_industry_{jt} + \beta_{22}F_{ijt} + \beta_{23}I_{jt} + \beta_{24}R_{pt} + $$
$$\beta_{25}\lambda + \varepsilon_t + \varepsilon_i + \mu_{ijt}\; if\; expoter_{ijt} > 0 \tag{4-2}$$

式（4-1）和式（4-2）分别是对企业出口决策和出口规模的估计方程。式（4-1）采用 Probit 模型检验行业产能过剩对企业出口决策的影响，被解释变量（$expoter\_dummy_{ijt}$）为企业是否出口，行业 j 内企业 i 在 t 年出口交货值大于零则取值为 1；否则取值为 0。式（4-2）采用固定效应模型检验行业产能过剩对企业出口规模的影响，被解释变量（$\ln expoter_{ijt}$）用出口交货值加 1 取对数度量。

其中，在式（4-1）和式（4-2）中，$su\_industry_{jt}$ 是核心解释变量，表示 t 年四位码行业 j 的产能过剩程度，用 1 减行业产能利用率得到；F_{ijt}、I_{jt} 和 R_{pt} 分别表示企业层面、行业层面和地区层面的控制变量；λ 为逆米尔斯率；ε_t、ε_i、ε_j、ε_p 分别表示时间、企业、行业、省份固定效应。另外，考虑到有出口经历的企业已经承担了初期沉没成本，因此更容易选择出口（Roberts and Tybout，1997），这里借鉴罗伯茨和泰博特（1997）和阳佳余（2012）的做法，在式（4-1）中加入企业是否出口虚拟变量的滞后一期（$l.\,exporter\_dummy_{ijt}$）来控制出口沉没成本。结合研究主旨，这里主要关注式（4-1）和式（4-2）中行业产能过剩变量$su\_industry_{jt}$的回归系数β_{11}和β_{21}，按照本章理论假设，预计回归系数β_{11}和β_{21}显著为负，即产能过剩对行业内正常企业的出口决策和出口规模均产生显著的抑制作用。

借鉴以往的研究文献，选取企业层面控制变量主要有：（1）企业全要素生产率（$lntfp$）。企业生产率需要测算得到，较早文献多用最小二乘法和固定效应方法，但这两种方法均存在有偏估计的可能。为了得到无偏估计，运用奥利和佩克斯（1996）法得到企业全要素生产率。（2）企业规模（$lnsize$），用企业从业人员数的对数值表示。（3）政府补贴（$subsidy$）。由于工业企业数据库中补贴收入指标存在较多零值，基于该变量构造衡量政府补贴的虚拟变量，即当企业获得补贴收入时取值为1；否则为0。（4）企业资本密集度（$lnkl$），由企业固定资产原价合计除以从业人员数得到，以反映企业资本、劳动要素投入组合对企业出口决策和出口规模的影响。（5）企业实际税负（tax），用企业本年应交增值税与销售收入的比值来衡量企业面临的实际税率水平，反映企业实际承担的税负大小。（6）企业年龄（$lnage$），由观测值所在年份减去企业成立年份再加1，并取对数来衡量。（7）企业人均工资水平（$lnawage$），由实际应付工资总额加上应付福利费总额，再除以从业人员平均人数，并取对数得到。选取的行业层面控制变量包括行业集中度（$industry\_hhi$），由四位码行业中所有企业销售额除以该行业总销售额，再求平方和得到；地区层面的控制变量包括地区经济发展程度（$lnagdp$），用企业所在省份人均GDP的对数值来衡量。主要变量的描述性统计结果如表4-5所示。

表4-5　　　　　　主要变量的描述性统计

变量	样本数	均值	标准差	P25	中位数	P75
$exporter\_dummy$	735979	0.2981	0.4574	0	0	1
$lnexporter$	735979	2.8441	4.4351	0	0	8.3563
$su\_industry$	735980	0.1715	0.0435	0.1388	0.1700	0.1999

续表

变量	样本数	均值	标准差	P25	中位数	P75
lntfp	702940	1. 5604	0. 1322	1. 4656	1. 5611	1. 6566
ln$size$	735980	4. 7605	0. 8225	4. 1271	4. 7005	5. 3423
$subsidy$	735785	0. 1244	0. 3300	0	0	0
lnkl	735929	3. 7556	1. 0498	3. 0528	3. 7655	4. 4664
tax	735980	0. 0313	0. 0303	0. 0098	0. 0267	0. 0446
lnage	735980	1. 9075	0. 7587	1. 3863	1. 9459	2. 3979
ln$awage$	735978	2. 5333	0. 5833	2. 1985	2. 5225	2. 8504
ln$agdp$	735980	9. 3450	0. 4344	9. 0841	9. 4175	9. 5457
$industry\_hhi$	735980	0. 0049	0. 0115	0. 0009	0. 0022	0. 0051

注：P25、P75 分别表示 25%、75% 分位数。

4.4 实证结果分析

4.4.1 基准回归结果

表 4 - 6 为基于所有正常企业的基准回归结果。前两列为式（4 - 1）的实证结果，是对企业是否出口的验证；后两列为式（4 - 2）的实证结果，是对企业出口规模的验证。第（1）、第（3）列为没有控制变量的实证结果；第（2）、第（4）列为引入控制变量后的实证结果。无论是否加入控制变量，β_{11} 和 β_{21} 的系数均显著为负，说明产能过剩显著降低了行业内正常企业的出口倾向和出口规模，验证了本章的假设 1。

从控制变量的回归结果来看，企业出口经历对其出口可能性具有显著的正向作用，这与罗伯茨和泰博特（1997）和阳佳余（2012）的研究结果一致。由于出口市场存在信息不对称和多变性，企业出口经历有利于降低获取信息的成本和市场风险。政府补贴、企业资本密集度、企业规模以及人均工资水平的回归系数显著为正，表明这些企业特征对企业出口行为具有显著的正向影响。实际税负对企业出口倾向和出口规模具有显著的负向作用；行业集中度对企业出口倾向的影响不显著，但对企业出口规模具有显著的负向作用。值得注意的是，生产率、企业年龄以及地区人均 GDP 在

表 4 - 6　　　　行业产能过剩对正常企业出口行为的影响（基准回归）

变量	出口选择方程		出口规模方程	
	（1）	（2）	（3）	（4）
l. export_dummy	2. 4707 *** (0. 0321)	2. 3863 *** (0. 0308)		
su_industry	− 4. 1132 *** (1. 5164)	− 4. 5737 *** (1. 5693)	− 3. 3921 *** (0. 3744)	− 2. 6232 *** (0. 3554)
lntfp		− 0. 9966 *** (0. 2298)		0. 8765 *** (0. 1883)
lnsize		0. 3915 *** (0. 0317)		0. 4966 *** (0. 0292)
subsidy		0. 1498 *** (0. 0127)		0. 0474 *** (0. 0084)
lnkl		0. 0574 *** (0. 0154)		0. 0929 *** (0. 0133)
tax		− 3. 9419 *** (0. 3756)		− 2. 0016 *** (0. 1336)
lnage		− 0. 0614 *** (0. 0112)		0. 0519 *** (0. 0129)
lnawage		0. 1747 *** (0. 0170)		0. 1967 *** (0. 0085)
lnagdp		− 0. 6412 *** (0. 1321)		0. 1913 ** (0. 0927)
industry_hhi		0. 9795 (0. 6482)		− 1. 0928 ** (0. 4914)
Constant	− 0. 6735 * (0. 3954)	5. 0623 *** (1. 4360)	10. 0561 *** (0. 0900)	3. 5822 *** (0. 8812)
年份固定效应	是	是	是	是
行业固定效应	是	是	否	否
省份固定效应	是	是	否	否
企业固定效应	否	否	是	是
样本量	514015	499709	219429	212345

注：括号内数值为稳健标准误；＊、＊＊、＊＊＊分别表示在10%、5%、1%的显著性水平；以下各表同。行业产能过剩对产能过剩企业出口行为影响的实证结果参见附录 A。

出口选择和出口规模方程中的符号相反。在出口选择方程中，生产率的回归系数显著为负，表明中国的正常出口企业存在"生产率悖论"，这与李春顶（2010）、施炳展和冼国明（2012）以及巫强和余鸿晖（2019）等的研究结论一致；企业年龄的回归系数显著为负，表明成立年限较短的企业出口倾向更大；地区人均 GDP 的回归系数显著为负，可能的原因是，在经济发展程度较高的地区集聚了大量企业，容易引发企业间的过度竞争，恶化企业出口环境，从而削弱了企业参与出口的积极性（陈旭等，2016）。而在出口规模方程中，生产率的回归系数显著为正，表明对于出口企业而言，生产率越高出口规模越大；企业年龄回归系数显著为正，表明对于出口企业而言，随着经营年限增加，企业经营管理水平、生产技术以及应对国际市场环境变化的能力得到提升，进而有利于出口规模扩张；地区人均 GDP 回归系数显著为正，表明对于出口企业而言，人均 GDP 较高地区企业出口规模较大。

4.4.2　稳健性检验

实证研究表明，产能过剩会对行业内正常企业的出口决策和出口规模产生严重的负面冲击。为了进一步提高实证结论的可信度，接下来从指标度量、样本选择与模型设定等方面进行稳健性检验。

（1）产能过剩再度量。

①借鉴席鹏辉等（2017）的做法，构建行业产能过剩的虚拟变量 sub_su_j 进行考察。具体地，依据前文提到的 13 个行业设定虚拟变量，当企业所在行业 j 属于这 13 个行业时 sub_su_j 取值为 1；否则为 0。具体回归结果呈现在表 4 - 7 中第（1）、第（2）列。可以看出，sub_su_j 变量的回归系数在 1% 显著性水平上为负，即与本章的基准回归结果一致，这证实本章的研究结论是稳健的。

②借鉴余淼杰等（2018）的方法测算企业层面产能利用率，进而得到四位码行业层面的产能利用率水平和产能过剩程度（$su\_industry\_yu$），并将此指标作为基准回归中产能过剩的替代指标进行稳健性检验。相应的回归结果见表 4 - 7 中第（3）、第（4）列。结果显示，$su\_industry\_yu$ 的系数显著为负，这说明产能过剩对行业内正常企业的出口行为具有显著的抑制作用。

③参照王永钦等（2018）、金祥荣等（2019）以及诸竹君等（2019）在考察僵尸企业对正常企业外部性影响时的度量方式，用四位码行业内产能过剩企业数量占企业总数的比值来衡量行业产能过剩程度。相应的回归结果见表4-7中第（5）、第（6）列。结果表明，产能过剩企业数量占比越高，行业内正常企业出口可能性越低，且出口规模越小。

表4-7　　　　　　　　　　　稳健性检验（一）

变量	行业产能过剩虚拟变量		余森杰等（2018）方法		产能过剩企业数量占比	
	(1)	(2)	(3)	(4)	(5)	(6)
$l.export\_dummy$	2.4408 *** (0.0055)		2.5559 *** (0.0078)		2.3900 *** (0.0312)	
sub_su	-0.1962 *** (0.0069)	-0.1495 *** (0.0491)				
$su\_industry\_yu$			-1.6977 *** (0.0997)	-0.4633 *** (0.1335)		
su_rate					-0.8263 ** (0.3282)	-0.3505 *** (0.0772)
$lntfp$	-0.9926 *** (0.0842)	-1.2616 ** (0.5580)	-1.6899 *** (0.2145)	1.1334 *** (0.2371)	-0.9589 *** (0.2251)	0.9199 *** (0.1881)
$lnsize$	0.3859 *** (0.0123)	0.8558 *** (0.0875)	0.4817 *** (0.0305)	0.5918 *** (0.0344)	0.3846 *** (0.0312)	0.4913 *** (0.0292)
$subsidy$	0.1499 *** (0.0079)	0.0447 (0.0312)	0.1149 *** (0.0101)	0.0317 *** (0.0067)	0.1505 *** (0.0125)	0.0476 *** (0.0085)
$lnkl$	0.0237 *** (0.0062)	0.2127 *** (0.0167)	0.0955 *** (0.0142)	0.1171 *** (0.0166)	0.0516 *** (0.0163)	0.0909 *** (0.0133)
tax	-4.1604 *** (0.0974)	-9.0741 *** (0.8874)	-5.5278 *** (0.1330)	-2.8320 *** (0.1017)	-3.9752 *** (0.3683)	-2.0056 *** (0.1336)
$lnage$	-0.0662 *** (0.0048)	-0.0878 *** (0.0162)	-0.0770 *** (0.0082)	0.0529 *** (0.0107)	-0.0600 *** (0.0116)	0.0527 *** (0.0129)
$lnawage$	0.1742 *** (0.0056)	0.1764 *** (0.0375)	0.1747 *** (0.0086)	0.2494 *** (0.0070)	0.1769 *** (0.0174)	0.1971 *** (0.0086)

续表

变量	行业产能过剩虚拟变量		余森杰等（2018）方法		产能过剩企业数量占比	
	（1）	（2）	（3）	（4）	（5）	（6）
ln*agdp*	-0.5796***	-0.1970	-0.1668*	0.2706***	-0.6552***	0.1908**
	(0.0737)	(0.2457)	(0.0982)	(0.0609)	(0.1333)	(0.0927)
industry_hhi	0.8719***	-1.2264	0.8020***	-0.6087**	1.0046	-0.9973**
	(0.2459)	(0.9315)	(0.2436)	(0.2389)	(0.6686)	(0.4916)
Constant	3.7552***	8.3733***	2.5477**	1.5446	4.6030***	3.1347***
	(0.7439)	(2.2515)	(1.0031)	(0.9763)	(1.3931)	(0.8789)
年份固定效应	是	是	是	是	是	是
行业固定效应	是	否	是	否	是	否
省份固定效应	是	否	是	否	是	否
企业固定效应	否	是	否	是	否	是
样本量	499709	212345	293873	135498	499709	212345

注：在指标识别方面，还做了其他调整来作为稳健性检验：（1）由于基准回归中将 75% 作为判别企业是否为产能过剩企业的标准，所以进一步使用企业产能利用率的 25 分位数、79% 作为判断标准对企业类型进行重新划分。（2）基准回归中核心解释变量是以企业总产出为权重计算得到，还利用剔除企业自身的行业产能过剩、简单平均与以固定资产净值为权重的加权平均作为稳健性检验。（3）除了使用四位码行业内产能过剩企业数量占企业总数的比例来度量之外，还计算产能过剩企业资产份额，并以此作为产能过剩指标的代理变量来进行实证分析。具体的实证结果参见附录 B。

（2）变换回归样本。由于 2008 ~ 2013 年工业企业数据库中存在重要变量（如工业增加值、固定资产净值、应付工资、中间投入等）数据缺失的问题，采用 2000 ~ 2007 年数据作为主样本进行研究。为了进一步验证本章结论对现阶段中国企业出口行为的影响，在补齐关键缺失指标后进一步基于 2000 ~ 2013 年的数据样本进行实证分析，相应的回归结果见表 4 - 8 中第（1）、第（2）列。由表 4 - 8 可知，在扩大的样本中，产能过剩对正常企业出口行为的影响仍显著为负，这表明本章的研究结论对当前的发展阶段同样适用。

另外，由于产能过剩问题与经济周期密切相关，经济下行时，产能过剩问题往往会加重。因此，为了减轻经济周期对实证结果的影响，这里借鉴王万珺和刘小玄（2018）的做法，选取 2000 ~ 2007 年存续期限为 5 年及以上的企业为样本，进行稳健性检验，回归结果见表 4 - 8 中第（3）、第（4）列。可以看到，产能过剩仍显著降低了行业内正常企业的出口倾向和出口规模。

表 4 - 8　　　　　　　　　　　　稳健性检验（二）

变量	2000~2013 年样本		存续期限≥5 年	
	（1）	（2）	（3）	（4）
l. export_dummy	2.5031 *** (0.0296)		2.4587 *** (0.0344)	
su_industry	-2.1912 ** (1.0752)	-0.8888 *** (0.1471)	-5.0163 *** (1.6319)	-2.6173 *** (0.3854)
ln*tfp*	-0.0397 (0.0282)	1.2292 *** (0.0272)	-1.0490 *** (0.2891)	0.6989 *** (0.2179)
ln*size*	0.2133 *** (0.0098)	0.5662 *** (0.0063)	0.3910 *** (0.0385)	0.5375 *** (0.0337)
subsidy	0.1835 *** (0.0114)	0.0464 *** (0.0053)	0.1518 *** (0.0143)	0.0373 *** (0.0092)
ln*kl*	0.0203 ** (0.0089)	0.2418 *** (0.0044)	0.0543 *** (0.0173)	0.1123 *** (0.0156)
tax	-3.2801 *** (0.2525)	-2.9533 *** (0.1151)	-4.0791 *** (0.4298)	-2.2074 *** (0.1587)
ln*age*	-0.0340 *** (0.0101)	0.0241 *** (0.0069)	-0.0812 *** (0.0118)	0.0300 ** (0.0140)
ln*awage*	0.1542 *** (0.0132)	0.1083 *** (0.0057)	0.1760 *** (0.0184)	0.1958 *** (0.0096)
ln*agdp*	-0.5454 *** (0.0567)	0.5076 *** (0.0511)	-0.1606 (0.1137)	0.2084 ** (0.0948)
industry_hhi	-0.1651 (0.4163)	-0.3891 *** (0.1255)	0.5468 (0.4308)	-0.2944 (0.3495)
Constant	2.7526 *** (0.6477)	-1.1439 ** (0.4823)	0.3318 (1.3147)	3.5059 *** (0.9039)
年份固定效应	是	是	是	是
行业固定效应	是	否	是	否
省份固定效应	是	否	是	否
企业固定效应	否	是	否	是
样本量	1369188	573916	280081	114438

（3）不同固定效应的设定。

①在基准回归中控制了行业、省份、时间以及企业固定效应，然而存在缺失随时间变化的行业维度变量的可能。为此，在基准模型中引入两位码行业×年份固定效应①，用来控制随时间变化的行业变量对正常企业出口行为的作用，回归结果见表4-9中第（1）、第（2）列，结果表明本章研究结论仍然成立。

表4-9　　　　　　　　　稳健性检验（三）

变量	加入行业×年份固定效应		加入行业×年份、省份×年份固定效应	线性回归	Logit 回归
	（1）	（2）	（3）	（4）	（5）
l. export_dummy	2. 4102 *** (0. 0288)		2. 4258 *** (0. 0323)	0. 0161 *** (0. 0033)	0. 0550 *** (0. 0176)
su_industry	-4. 6286 *** (1. 6100)	-2. 0926 *** (0. 4258)	-4. 8998 *** (1. 5519)	-0. 1350 ** (0. 0605)	-3. 0366 *** (0. 9887)
lntfp	-0. 9976 *** (0. 2280)	1. 0853 *** (0. 1983)	-0. 9293 *** (0. 2308)	-0. 1189 *** (0. 0307)	-1. 7616 *** (0. 5060)
lnsize	0. 3928 *** (0. 0312)	0. 4523 *** (0. 0304)	0. 3814 *** (0. 0323)	0. 0591 *** (0. 0046)	0. 9773 *** (0. 0726)
subsidy	0. 1486 *** (0. 0125)	0. 0439 *** (0. 0084)	0. 1439 *** (0. 0127)	0. 0187 *** (0. 0018)	0. 3631 *** (0. 0322)
lnkl	0. 0580 *** (0. 0149)	0. 0764 *** (0. 0138)	0. 0593 *** (0. 0154)	0. 0168 *** (0. 0020)	0. 2837 *** (0. 0329)
tax	-3. 9357 *** (0. 3750)	-1. 9458 *** (0. 1326)	-3. 6293 *** (0. 3869)	-0. 1957 *** (0. 0244)	-3. 1039 *** (0. 4016)
lnage	-0. 0616 *** (0. 0104)	0. 0554 *** (0. 0129)	-0. 0680 *** (0. 0109)	-0. 0083 *** (0. 0023)	-0. 1232 *** (0. 0335)
lnawage	0. 1743 *** (0. 0172)	0. 1947 *** (0. 0086)	0. 1725 *** (0. 0167)	0. 0105 *** (0. 0012)	0. 1995 *** (0. 0232)

① 由于核心解释变量属于四位码行业层面，为了避免与行业产能过剩变量产生多重共线性问题，此处加入两位码行业×年份固定效应。

续表

变量	加入行业×年份固定效应		加入行业×年份、省份×年份固定效应	线性回归	Logit 回归
	（1）	（2）	（3）	（4）	（5）
lnagdp	−0.5829***	0.2001**	1.6150***	0.0396***	0.6957***
	（0.1159）	（0.0930）	（0.4635）	（0.0148）	（0.2359）
industry_hhi	1.0979*	−0.4571	1.0709*	−0.0585	−0.7185
	（0.6358）	（0.5240）	（0.6216）	（0.0871）	（1.3820）
Constant	3.7111***	3.0790***	−370.5382***	−0.2120	
	（1.3303）	（0.8982）	（106.9680）	（0.1396）	
年份固定效应	是	是	是	是	是
行业固定效应	是	否	是	否	否
省份固定效应	是	否	是	否	否
企业固定效应	否	是	否	是	是
行业×年份固定效应	是	是	是	否	否
省份×年份固定效应	否	否	是	否	否
样本量	498488	212345	499709	499709	74087

②本章发现出口选择与出口规模方程的回归结果存在差异（如生产率的回归系数在出口选择方程中显著为负，而在出口规模方程中为正），其可能是由于固定效应的设定不同造成的。例如，在基准回归中，出口选择方程控制了行业、省份与时间固定效应，包含较多的企业间（between firm）差异；而出口规模方程控制了企业与时间固定效应，包含较多的企业内（within firm）差异。为此，本章一方面在原本的 Probit 模型下控制行业×年份、省份×年份固定效应来进行稳健性检验；另一方面则采用线性回归模型和 Logit 回归模型重新估计出口选择方程，并通过控制企业与时间固定效应来与出口规模方程保持一致；具体的回归结果见表 4 - 9 中第（3）~第（5）列，结果表明本章研究结论是稳健的。

4.4.3　内生性分析

以上实证分析发现产能过剩对行业内正常企业出口行为具有抑制作

用。然而，严格来讲，行业产能过剩与正常企业出口行为的关系可能还存在其他的解释。首先，是否存在同时影响产能过剩与企业出口行为的其他因素？其次，虽然本章的核心解释变量属于行业层面，被解释变量为企业出口，但行业产能过剩是通过企业平均得到，那么出口可能性与出口规模大的企业是否其产能过剩程度更低？最后，行业产能过剩的测量误差是否存在？以上三个问题构成了行业产能过剩内生性的主要来源，即遗漏变量、反向因果与测量误差。对于遗漏变量内生性，基准回归中控制了企业、行业、地区层面的控制变量；同时，还设定了企业、年份、行业、省份、行业×年份、省份×年份等多种固定效应模型。对于反向因果问题，本章以正常企业为样本进行实证分析，这在一定程度上可以弱化反向因果；此外，还用剔除企业自身的行业产能过剩作为稳健性检验的一部分。对于测量误差问题，在稳健性检验中用到了多种指标衡量行业产能过剩，并且对是否属于产能过剩企业更换了多种判定标准。然而，上述问题可能依然存在，从而引发基准回归结果的估计偏差。为此，进一步采用工具变量法和构造准自然实验的方式来解决可能存在的内生性问题。

（1）工具变量法。工具变量法是解决内生性问题，从而得到核心解释变量一致性估计的有效方法。在中国背景下，从政策角度入手是寻找合适的工具变量的最有效途径（申广军等，2016；Lu et al.，2017；刘灿雷等，2018；张杰等，2020）。为此，基于 2000～2007 年发生的两次产能调控政策来构造行业产能过剩的工具变量①。产能调控政策将影响到行业产能过剩程度，但对于企业出口行为具有较好的"外生性"，符合工具变量的选取条件。具体而言，借鉴申广军等（2016）、陆毅等（2017）以及刘灿雷等（2018）的做法，构造虚拟变量形式的工具变量 $su\_industry\_iv$。其中，行业 j 在受到产能调控政策影响后的年份取值为 1；否则取值为 0。然而，从"两项通知"可知，产能调控政策的实施并不完全是随机的，而是依据行业产能过剩程度轻重来确定受调控的行业，即产能调控政策与行业产能

①　这两次产能调控政策分别是 2003 年 12 月 23 日的《国务院办公厅转发发展改革委等部门关于制止钢铁电解铝水泥行业盲目投资若干意见的通知》与 2006 年 3 月 12 日的《国务院关于加快推进产能过剩行业结构调整的通知》（文中简称"两项通知"）。所涉及的行业包括：黑色金属冶炼及压延加工业、铁矿采选、铝矿采选、铝冶炼、水泥石灰和石膏的制造、水泥及石膏制品制造、汽车制造、炼焦、煤炭开采和洗选业、电力热力的生产和供应业、电气机械及器材制造业。

过剩之间可能存在反向因果，这会影响工具变量 *su_industry_iv* 的有效性。为此，本章参考根茨考（2006）、刘灿雷等（2018）以及宋凌云和王贤彬（2013）的做法，在回归方程中加入期初（2000 年）行业产能过剩与年份虚拟变量的交乘项，以使产能调控政策更好地满足外生性。表 4 – 10 中汇报了工具变量法的两阶段估计结果。

表 4 – 10　　　　　　　　　工具变量法回归结果

第二阶段回归结果	（1）	（2）	（3）	（4）
	因变量：企业出口选择		因变量：企业出口规模	
su_industry	– 1. 7844 ***	– 3. 7122 ***	– 3. 9385 ***	– 4. 2244 ***
	（0. 1531）	（0. 3575）	（0. 5015）	（0. 5600）
第一阶段回归结果	因变量：行业产能过剩			
su_industry_iv	– 0. 0024 ***	– 0. 0020 ***	– 0. 0034 ***	– 0. 0030 ***
	（0. 0001）	（0. 0001）	（0. 0002）	（0. 0002）
工具变量相关检验				
Wald test	71. 57 ***	67. 13 ***		
Anderson-LM 统计量			309. 512 ***	330. 444 ***
Cragg-Donald Wald-F 统计量			310. 230 ***	331. 245 ***
期初行业产能过剩 × 年份	否	是	否	是

由第一阶段回归结果可知，无论是否控制期初行业产能过剩与年份虚拟变量的交乘项，产能调控政策均能降低行业产能过剩，表明政策是有效的。在第二阶段回归中，*su_industry* 的系数显著为负，表明行业产能过剩显著降低了正常企业的出口可能性与出口规模。另外，还对工具变量的合理性进行了如下检验：①表 4 – 10 第（1）、第（2）列中 *Wald test* 统计值分别为 71. 57 和 67. 13，均在 1% 的水平上显著，从而拒绝工具变量回归不合理的原假设。②*Anderson-LM* 统计量分别为 309. 512 和 330. 444，均在 1% 的水平上显著，表示拒绝识别不足的原假设。③表 4 – 10 第（3）、第（4）列中 *Cragg-Donald Wald-F* 统计值远远大于 *Stock-Yogo* 弱工具变量检验在 10% 显著性水平上的临界值（16. 38），通过了弱工具变量检验。综上所述，选取的工具变量是合理的，而且在进一步解决潜在的内生性问题之后，得出的"产能过剩会抑制行业内正常企业出口行为"的结论依然成立。

（2）依据企业是否变更行业构造准自然实验。借鉴王永进和盛丹（2013）、陆毅等（2014）、马述忠和张洪胜（2017）以及邵朝对和苏丹妮（2019）的方法，依据企业是否变更行业构建准自然实验，并采用 PSM – DID 来控制内生性。基本逻辑如下：不同四位码行业的产能过剩程度是不同的，对于不在某个行业内的企业而言，该行业的产能过剩程度满足外生性，进而若企业从一个行业变更到另一个行业，可以理解成该企业面临的行业产能过剩发生了外生变化。因此，将发生行业变更的企业样本作为处理组，并采用 PSM 方法为每个处理组寻找对照组①，以保证处理组和对照组企业分布相同，即满足独立性假设或平衡性假设。这样就可以利用 DID 模型识别出行业产能过剩对正常企业出口行为的影响。设定的 DID 估计方程具体如下：

$$Y_{ijt} = \eta_c + \eta_1 post_{it} \times su\_industry_{jt} + \eta_2 treat_i \times post_{it} + \eta_3 CV_{i/j/pt} + \varepsilon_{i/j/p/t} + \mu_{ijt}$$

$$(4-3)$$

其中，$treat$ 为企业是否变更行业，发生变更行业的企业取 1，否则取 0；$post$ 为企业变更行业前后的虚拟变量，变更行业后的年份取 1，否则取 0；$treat \times Post$ 为传统的双重差分估计量；$post \times su\_industry$ 是此处关注的核心解释变量，用来衡量企业从一个行业变更到另一个行业后，行业产能过剩对企业出口行为的影响。

表 4 – 11 中，第（1）、第（2）列是基于 PSM 之后样本的基准回归结果，$su\_industry$ 的系数显著为负，表明在 PSM 筛选之后的样本中本章的基准结果仍然成立，是全样本的一个较好"缩影"。第（3）、第（4）列是 PSM – DID 的估计结果，$post \times su\_industry$ 的回归系数显著为负，表明企业在变更行业之后，行业产能过剩程度的加深会显著抑制企业出口行为。第（5）、第（6）列是加入事前趋势项（$pre1$ 与 $pre2$）的回归结果，可以看出 $pre1$ 与 $pre2$ 的系数均不显著，表明处理组与对照组在事前具有相同趋势，而且与第（3）、第（4）列相比，$post \times su\_industry$ 估计系数的大小与显著性变化较小。

---

① 具体而言，借鉴既有文献的做法，以企业年龄、规模、政府补贴、生产率、所有制类型以及资本密度为协变量，以企业是否发生行业变更为作业因变量，采用 Logit 模型进行回归，并通过近邻匹配方法为处理组样本找到得分相近的对照组。

表 4 – 11　　　　　　　　经过 PSM 筛选后样本的回归结果

变量	经过 PSM 筛选后样本的基准回归		PSM – DID 的估计结果		平行趋势检验	
	(1)	(2)	(3)	(4)	(5)	(6)
l. export_dummy	2.4561 ***		2.4670 ***		2.4670 ***	
	(0.0355)		(0.0345)		(0.0345)	
su_industry	– 5.0359 ***	– 2.4808 ***				
	(1.6412)	(0.4526)				
treat × post			0.2949 ***	0.1352 ***	0.2948 ***	0.1313 ***
			(0.0916)	(0.0421)	(0.0916)	(0.0425)
post × su_industry			– 1.6216 ***	– 0.4795 **	– 1.6208 ***	– 0.4776 **
			(0.4830)	(0.2292)	(0.4834)	(0.2290)
pre1					0.0050	– 0.0137
					(0.0319)	(0.0229)
pre2					– 0.0083	– 0.0034
					(0.0616)	(0.0302)
lntfp	– 0.1296 ***	1.4650 ***	– 0.1030 **	1.4667 ***	– 0.1030 **	1.4665 ***
	(0.0380)	(0.0372)	(0.0409)	(0.0372)	(0.0408)	(0.0373)
lnsize	0.2442 ***	0.6490 ***	0.2369 ***	0.6483 ***	0.2369 ***	0.6482 ***
	(0.0109)	(0.0139)	(0.0129)	(0.0139)	(0.0129)	(0.0139)
subsidy	0.1491 ***	0.0400 ***	0.1468 ***	0.0400 ***	0.1468 ***	0.0400 ***
	(0.0160)	(0.0101)	(0.0177)	(0.0101)	(0.0177)	(0.0101)
lnkl	– 0.0035	0.1904 ***	– 0.0121	0.1898 ***	– 0.0121	0.1898 ***
	(0.0119)	(0.0092)	(0.0154)	(0.0092)	(0.0154)	(0.0092)
tax	– 3.6419 ***	– 3.1612 ***	– 3.7891 ***	– 3.1607 ***	– 3.7892 ***	– 3.1611 ***
	(0.4344)	(0.1833)	(0.4224)	(0.1839)	(0.4223)	(0.1839)
lnage	– 0.0526 ***	0.0150	– 0.0522 ***	0.0140	– 0.0522 ***	0.0140
	(0.0112)	(0.0126)	(0.0114)	(0.0126)	(0.0114)	(0.0126)
lnawage	0.1664 ***	0.1227 ***	0.1696 ***	0.1234 ***	0.1696 ***	0.1235 ***
	(0.0170)	(0.0105)	(0.0171)	(0.0105)	(0.0171)	(0.0105)

续表

变量	经过 PSM 筛选后样本的基准回归		PSM – DID 的估计结果		平行趋势检验	
	（1）	（2）	（3）	（4）	（5）	（6）
lnagdp	−0. 1258	0. 0281	−0. 0822	0. 0409	−0. 0822	0. 0411
	(0. 1657)	(0. 1116)	(0. 1658)	(0. 1118)	(0. 1659)	(0. 1118)
$\mathit{industry\_hhi}$	1. 0726	−0. 4481	1. 0380	−0. 3647	1. 0374	−0. 3658
	(0. 6606)	(0. 6754)	(0. 6817)	(0. 6687)	(0. 6745)	(0. 6687)
$\mathit{Constant}$	−0. 4227	3. 5297 ***	−2. 1098	2. 8208 ***	−2. 1100	2. 8205 ***
	(1. 7374)	(1. 0581)	(1. 6543)	(1. 0555)	(1. 6563)	(1. 0556)
年份固定效应	是	是	是	是	是	是
行业固定效应	是	否	是	否	是	否
省份固定效应	是	否	是	否	是	否
企业固定效应	否	是	否	是	否	是
样本量	239136	97647	239136	97647	239136	97647

注：当以剔除企业自身的行业产能过剩作为核心解释变量时，结果依然稳健。

4.5　影响机制检验

4.5.1　融资约束效应

下面利用中介效应模型并结合 Sobel 检验，验证行业产能过剩是否会通过融资约束效应影响正常企业出口。具体构建如下中介效应模型：

$$Y_{ijt} = \gamma_{1c} + \gamma_{11} su\_industry_{jt} + \gamma_{12} CV_{i/j/pt} + \varepsilon_{i/j/p/t} + \mu_{ijt} \quad (4-4)$$

$$finance_{ijt} = \gamma_{2c} + \gamma_{21} su\_industry_{jt} + \gamma_{22} CV_{i/j/pt} + \varepsilon_{t/i} + \mu_{ijt} \quad (4-5)$$

$$Y_{ijt} = \gamma_{3c} + \gamma_{31} su\_industry_{jt} + \gamma_{32} finance_{ijt} + \gamma_{33} CV_{i/j/pt} + \varepsilon_{i/j/p/t} + \mu_{ijt}$$

$$(4-6)$$

其中，$finance_{ijt}$ 为反映企业融资约束的中介变量，用企业应收账款占销售额的比例来衡量（于洪霞等，2011；李平和卢霄，2020）。该值越大，说明企业贷款收回状况越差，企业面临的融资约束越强。Y_{ijt}衡量企业出口行为，包括企业是否出口的虚拟变量和出口规模。$CV_{i/j/pt}$代表行业、企业以及省份层面的控制变量集合，类似于基准回归模型中的F_{ijt}、I_{jt}、R_{pt}。$\varepsilon_{i/j/p/t}$为年份、行业、省份或者年份、企业固定效应的两种设定形式。将式（4-5）代入式（4-6），得到$finance_{ijt}$的中介效应，即$\gamma_{21} \times \gamma_{32}$，反映产能过剩通过改变融资约束来影响正常企业出口的作用程度。

表4-12报告了产能过剩通过融资约束效应影响企业出口选择和出口规模的检验结果。第（1）、第（4）列是对式（4-4）的估计结果，即基准估计结果，与表4-6中第（2）、第（4）列相同。第（2）、第（5）列是对式（4-5）的回归结果，产能过剩变量的回归系数显著为正，说明产能过剩的加重会提高行业内正常企业的融资约束。第（3）、第（6）列为包括融资约束变量的估计结果，中介变量$finance_{ijt}$的回归系数显著为负，说明融资约束对企业出口决策和出口规模具有显著的抑制作用。进一步比较发现，在加入中介变量$finance_{ijt}$之后，产能过剩变量系数的绝对值下降了，出口选择方程中由4.5737降为4.5546，出口规模方程中回归系数由2.6232降为2.5590，虽然下降幅度较小，但均在1%水平上显著。出于稳健性考虑，还进行了Sobel检验，检验结果表明融资约束具有中介作用。

表4-12 行业产能过剩影响正常企业出口行为的融资约束效应检验结果

变量	expoter_dummy	finance	expoter_dummy	lnexpoter	finance	lnexpoter
	(1)	(2)	(3)	(4)	(5)	(6)
l. export_dummy	2.3863*** (0.0308)		2.3858*** (0.0308)			
su_industry	-4.5737*** (1.5693)	0.1567*** (0.0344)	-4.5546*** (1.5732)	-2.6232*** (0.3554)	0.1359** (0.0537)	-2.5590*** (0.3535)
finance			-0.0893** (0.0408)			-0.4727*** (0.0357)
lntfp	-0.9966*** (0.2298)	-0.0481** (0.0194)	-1.0173*** (0.2301)	0.8765*** (0.1883)	-0.0906** (0.0406)	0.8337*** (0.1878)
lnsize	0.3915*** (0.0317)	-0.0031 (0.0029)	0.3943*** (0.0320)	0.4966*** (0.0292)	0.0000 (0.0064)	0.4966*** (0.0292)

续表

变量	exporter_dummy (1)	finance (2)	exporter_dummy (3)	lnexpoter (4)	finance (5)	lnexpoter (6)
subsidy	0.1498 *** (0.0127)	0.0056 *** (0.0010)	0.1524 *** (0.0125)	0.0474 *** (0.0084)	0.0021 * (0.0012)	0.0484 *** (0.0084)
ln*kl*	0.0574 *** (0.0154)	0.0060 *** (0.0014)	0.0592 *** (0.0156)	0.0929 *** (0.0133)	0.0085 ** (0.0034)	0.0969 *** (0.0133)
tax	−3.9419 *** (0.3756)	0.2111 *** (0.0282)	−3.8856 *** (0.3568)	−2.0016 *** (0.1336)	0.1829 *** (0.0298)	−1.9151 *** (0.1327)
lnage	−0.0614 *** (0.0112)	0.0043 *** (0.0012)	−0.0601 *** (0.0109)	0.0519 *** (0.0129)	0.0015 (0.0018)	0.0526 *** (0.0129)
lnawage	0.1747 *** (0.0170)	−0.0077 *** (0.0007)	0.1759 *** (0.0171)	0.1967 *** (0.0085)	−0.0083 *** (0.0014)	0.1928 *** (0.0085)
lnagdp	−0.6412 *** (0.1321)	−0.0426 *** (0.0089)	−0.6436 *** (0.1328)	0.1913 ** (0.0927)	0.0201 (0.0143)	0.2007 ** (0.0923)
industry_hhi	0.9795 (0.6482)	−0.0207 (0.0379)	0.9709 (0.6500)	−1.0928 ** (0.4914)	−0.0408 (0.0766)	−1.1121 ** (0.4925)
Constant	5.0623 *** (1.4360)	0.5475 *** (0.0843)	5.0936 *** (1.4411)	3.5822 *** (0.8812)	0.0226 (0.1356)	3.5928 *** (0.8777)
年份固定效应	是	是	是	是	是	是
行业固定效应	是	否	是	否	否	否
省份固定效应	是	否	是	否	否	否
企业固定效应	否	是	否	是	是	是
Sobel（p-value）			0.0017			0.0000
样本量	499709	702632	499688	212345	212345	212344

4.5.2 技术钳制效应

类似于融资约束机制的检验方法，此处构建如下中介效应模型：

$$Y_{ijt} = \rho_{1c} + \rho_{11} su\_industry_{jt} + \rho_{12} CV_{i/j/pt} + \varepsilon_{i/j/p/t} + \mu_{ijt} \quad (4-7)$$

$$rd_{ijt} = \rho_{2c} + \rho_{21} su\_industry_{jt} + \rho_{22} CV_{i/j/pt} + \varepsilon_{t/i} + \mu_{ijt} \quad (4-8)$$

$$Y_{ijt} = \rho_{3c} + \rho_{31} \, su\_industry_{jt} + \rho_{32} \, rd_{ijt} + \rho_{33} \, CV_{i/j/pt} + \varepsilon_{i/j/p/t} + \mu_{ijt}$$

$$(4-9)$$

其中，rd_{ijt} 为反映企业技术钳制的中介变量，用工业企业数据库中的新产品产值来衡量，预期行业产能过剩对新产品产值具有抑制作用。将式（4-8）代入到式（4-9），得到 rd_{ijt} 的中介效应，即 $\rho_{21} \times \rho_{32}$，反映产能过剩通过改变正常企业的技术能力来影响其出口的作用程度，具体实证结果如表 4-13 所示。可以看出，产能过剩的加重会降低行业内正常企业的新产品产值，而且在加入中介变量 rd_{ijt} 之后，产能过剩变量系数的绝对值下降了，出口选择方程中由 4.5737 降为 4.1592，出口规模方程中回归系数由 2.6232 降为 2.5940，虽然下降幅度较小，但均在 1% 水平上显著。出于稳健性考虑，还进行了 Sobel 检验，检验结果显示技术钳制具有中介作用。

表 4-13　行业产能过剩影响企业出口行为的技术钳制效应检验结果

变量	expoter_dummy	rd	expoter_dummy	lnexpoter	rd	lnexpoter
	(1)	(2)	(3)	(4)	(5)	(6)
l. export_dummy	2.3863 *** (0.0308)		2.4124 *** (0.0307)			
su_industry	-4.5737 *** (1.5693)	-0.0956 *** (0.0332)	-4.1592 *** (1.4090)	-2.6232 *** (0.3554)	-0.1642 ** (0.0787)	-2.5940 *** (0.4192)
rd			0.4882 *** (0.0520)			0.4256 *** (0.0424)
lntfp	-0.9966 *** (0.2298)	-0.0733 *** (0.0125)	-1.2066 *** (0.2492)	0.8765 *** (0.1883)	-0.1679 *** (0.0315)	1.2705 *** (0.2172)
lnsize	0.3915 *** (0.0317)	0.0261 *** (0.0021)	0.4032 *** (0.0350)	0.4966 *** (0.0292)	0.0488 *** (0.0055)	0.4305 *** (0.0334)
subsidy	0.1498 *** (0.0127)	0.0084 *** (0.0011)	0.1325 *** (0.0132)	0.0474 *** (0.0084)	0.0093 *** (0.0019)	0.0465 *** (0.0097)
lnkl	0.0574 *** (0.0154)	0.0091 *** (0.0009)	0.0609 *** (0.0174)	0.0929 *** (0.0133)	0.0166 *** (0.0024)	0.0663 *** (0.0151)
tax	-3.9419 *** (0.3756)	-0.0191 (0.0122)	-3.7514 *** (0.3786)	-2.0016 *** (0.1336)	0.0072 (0.0251)	-1.9650 *** (0.1591)

续表

变量	expoter_dummy	rd	expoter_dummy	lnexpoter	rd	lnexpoter
	(1)	(2)	(3)	(4)	(5)	(6)
lnage	−0.0614***	−0.0012	−0.0578***	0.0519***	−0.0035	0.0456***
	(0.0112)	(0.0008)	(0.0114)	(0.0129)	(0.0023)	(0.0151)
lnawage	0.1747***	0.0022***	0.1672***	0.1967***	0.0035**	0.1858***
	(0.0170)	(0.0005)	(0.0163)	(0.0085)	(0.0014)	(0.0095)
lnagdp	−0.6412***	0.0046	−0.8320***	0.1913**	0.0367*	0.3989***
	(0.1321)	(0.0076)	(0.1733)	(0.0927)	(0.0211)	(0.1283)
industry_hhi	0.9795	−0.0878	0.6789	−1.0928**	−0.0175	−1.2278**
	(0.6482)	(0.0802)	(0.6653)	(0.4914)	(0.0768)	(0.5576)
Constant	5.0623***	−0.0618	7.1369***	3.5822***	−0.3429*	1.4913
	(1.4360)	(0.0723)	(1.7908)	(0.8812)	(0.1981)	(1.2126)
年份固定效应	是	是	是	是	是	是
行业固定效应	是	否	是	否	否	否
省份固定效应	是	否	是	否	否	否
企业固定效应	否	是	否	是	是	是
Sobel（p-value）			0.0000			0.0083
样本量	499709	581817	432297	212345	173945	173944

4.6 拓展性分析

4.6.1 时间效应分析

研究表明，行业产能过剩不仅显著降低了正常企业出口倾向，而且也缩减了其出口规模，造成产能过剩与出口疲软共存的困境。那么，行业产能过剩对正常企业出口规模的负向影响，是体现在出口价格还是出口数量上？这一影响是否具有长期性？对这两个问题的回答，有助于深入理解正常企业出口行为的动态变化，并厘清行业产能过剩背景下正常企业出口模式的选择。

为此，进一步利用 2000～2007 年中国工业企业数据库和海关数据库的匹配数据，考察产能过剩对行业内正常企业出口价格和出口数量的具体作用及其随时间的变化情况。其中，工业企业数据库和海关数据库的匹配借鉴许家云等（2016）的做法：首先，利用企业名称和年份进行匹配；对于尚未匹配成功的企业样本，再根据企业邮编和电话后七位进行匹配。其次，剔除了企业中文名称中包含"进口""出口""经贸"以及"贸易"等字眼的观测值，并将数据样本加总至"企业—产品—年份"层面。最后，得到 1558166 个观测值。基于实证研究的需要，构建如下回归方程：

$$\ln Export_{ipjt} = \lambda_{11} + \lambda_{12}\,su\_industry_{jt/t-1/t-2} + \lambda_{13}CV + \varepsilon_t + \varepsilon_{ip} + \mu_{ipjt}$$
$$(4-10)$$

$$\ln P_{ipjt} = \lambda_{21} + \lambda_{22}\,su\_industry_{jt/t-1/t-2} + \lambda_{23}CV + \varepsilon_t + \varepsilon_{ip} + \mu_{ipjt}$$
$$(4-11)$$

$$\ln Q_{ipjt} = \lambda_{31} + \lambda_{32}\,su\_industry_{jt/t-1/t-2} + \lambda_{33}CV + \varepsilon_t + \varepsilon_{ip} + \mu_{ipjt}$$
$$(4-12)$$

考虑到出口额（$\ln Export_{ipjt}$）、出口价格（$\ln P_{ipjt}$）[1] 与出口数量（$\ln Q_{ipjt}$）之间是相互影响的，并且这三个方程中的随机扰动项存在相关性和异方差的可能性，因此这里采用联立方程模型估计式（4-10）～式（4-12），回归结果如表 4-14 所示。

由表 4-14 可知，当期行业产能过剩对正常企业出口额的估计系数显著为负，与第四部分基准回归的结果一致，这进一步证实了本章结果的稳健性。当期行业产能过剩对正常企业出口价格的影响显著为负，表明正常企业在当期就会降低出口价格，这是因为在产能过剩背景下市场竞争加剧，正常企业为了维持自身出口竞争力而不得不降低出口价格；当期产能过剩对行业内正常企业出口数量的影响显著为负，意味着企业降价行为并不会在短期内增加出口数量，其原因可能在于更多目的地市场和更多种类产品的增加需要一定的时间。

---

① 借鉴樊海潮等（2020）的做法，用企业出口某种产品到不同国家的平均价格衡量出口价格。

表 4 – 14　　　　企业出口规模的分解及时间效应（联立方程模型回归结果）

变量	当期		
	（1）ln$Export$	（2）ln$P$	（3）ln$Q$
su_industry	− 1.5035 ***	− 1.0949 ***	− 0.4087 ***
	− 0.0359	− 0.014	− 0.0358
控制变量	是	是	是
年份固定效应	是	是	是
企业—产品固定效应	是	是	是
样本量	1558166	1558166	1558166
变量	滞后一期		
	（4）ln$Export$	（5）ln$P$	（6）ln$Q$
su_industry	− 0.2334 ***	− 0.7858 ***	0.5524 ***
	− 0.0507	− 0.019	− 0.051
控制变量	是	是	是
年份固定效应	是	是	是
企业—产品固定效应	是	是	是
样本量	686182	686182	686182
变量	滞后两期		
	（7）ln$Export$	（8）ln$P$	（9）ln$Q$
su_industry	− 0.3224 ***	− 1.0798 ***	0.7631 ***
	− 0.0553	− 0.0207	− 0.0558
控制变量	是	是	是
年份固定效应	是	是	是
企业—产品固定效应	是	是	是
样本量	439911	439911	439911

　　滞后一期和滞后两期的结果基本一致。行业产能过剩对企业出口额的影响显著为负，说明产能过剩对正常企业出口额具有长期的抑制作用，也从侧面印证了中国化解产能过剩问题的艰巨性和紧迫性。滞后一期、两期的行业产能过剩对正常企业出口价格的影响依然显著为负，但对正常企业出口数量的影响显著为正，这意味着正常企业会长期性地采取"低价跑量"的出口竞争模式。值得注意的是，由于出口额回归方程中核心解释变

量的回归系数在短期和长期内均为负，意味着这种较为粗放的竞争模式不利于企业出口增长和可持续发展。可见，产能过剩行业中正常企业的出口如何从"价格竞争"转向"质量竞争"是关键所在，但也正如上文的机制检验所表明的，行业产能过剩对正常企业出口额的负向影响往往会从根本上制约其产品质量提升的动力与能力。

4.6.2 调节效应分析

除了政府寻求各种措施直接治理产能过剩痼疾之外，还需要寻求调节机制，以减缓行业产能过剩对正常企业出口长期的负面影响。从产能过剩形成以及影响机制来看，市场开放度与企业竞争力是对冲产能过剩出口效应的关键所在，而前面的作用机制检验表明，作为行业产能过剩影响正常企业出口行为的两个重要途径，融资约束和技术钳制也是影响企业竞争力的重要因素；从中国现实来看，FDI 是促进市场开放和技术溢出效应的重要途径（何兴强等，2014；邵玉君，2017），金融市场化是推动金融体系完善的重要基础。基于此，本章进一步从行业和地区层面，探索产能过剩对行业内正常企业出口行为的调节机制。

（1）行业 FDI 开放程度。这里采用行业外资占比衡量行业 FDI 开放程度（fdi），即四位码行业外资企业工业总产值与该行业内所有企业工业总产值的比值[①]，并用期初（2000 年）行业 FDI 开放程度与产能过剩变量交乘来考察[②]，估计结果如表 4 - 15 所示。不难发现，在出口选择和出口规模方程中，行业产能过剩对正常企业出口具有显著的负向作用，交互项 $su \times fdi$ 显著为正，说明当行业 FDI 开放程度提高时，行业产能过剩对正常企业出口的负向影响会减弱。这是因为，一方面，FDI 作为资本要素的流入形式之一，带来了充足的资金，一定程度上缓解了企业融资约束（Keller and Yeaple，2009；李瑞琴等，2018）；另一方面，FDI 能够通过专利技术转让、企业交流、产品模仿、人才流动等途径提升行业生产率，产生技术溢出效应，从而提升企业的出口能力。

---

① 借鉴沈国兵和黄铄珺（2019）的方法，依据工业企业数据库中登记注册类型（三位码）这一指标，将 200、210、220、230、240、300、310、320、330、340 认定为外资企业。

② 借鉴冯塔涅和奥雷菲斯（2018），使用事前变量缓解行业 FDI 开放程度带来的内生性问题。

表 4 – 15　　　　　　行业 FDI 开放和地区金融市场化的调节作用

变量	出口选择方程		出口规模方程	
	行业 FDI 开放程度	地区金融市场化程度	行业 FDI 开放程度	地区金融市场化程度
	(1)	(2)	(3)	(4)
l. export_dummy	2. 3708 *** (0. 0311)	2. 3872 *** (0. 0307)		
su_industry	− 5. 1461 *** (1. 3139)	− 6. 4645 *** (1. 6038)	− 2. 7834 *** (0. 3571)	− 3. 5851 *** (0. 5045)
su × fdi	3. 9428 *** (0. 8683)		0. 6584 ** (0. 2895)	
su × mar		2. 1515 *** (0. 4023)		1. 0615 *** (0. 3987)
ln*tfp*	− 0. 9939 *** (0. 2251)	− 0. 9933 *** (0. 2299)	0. 8847 *** (0. 1879)	0. 8856 *** (0. 1884)
ln*size*	0. 3908 *** (0. 0309)	0. 3910 *** (0. 0318)	0. 4950 *** (0. 0292)	0. 4955 *** (0. 0292)
subsidy	0. 1509 *** (0. 0122)	0. 1496 *** (0. 0127)	0. 0473 *** (0. 0084)	0. 0474 *** (0. 0084)
ln*kl*	0. 0616 *** (0. 0147)	0. 0566 *** (0. 0154)	0. 0922 *** (0. 0133)	0. 0923 *** (0. 0133)
tax	− 3. 9496 *** (0. 3730)	− 3. 9323 *** (0. 3779)	− 2. 0026 *** (0. 1336)	− 1. 9998 *** (0. 1335)
ln*age*	− 0. 0589 *** (0. 0105)	− 0. 0613 *** (0. 0111)	0. 0523 *** (0. 0129)	0. 0520 *** (0. 0129)
ln*awage*	0. 1713 *** (0. 0160)	0. 1741 *** (0. 0169)	0. 1969 *** (0. 0085)	0. 1963 *** (0. 0085)
ln*agdp*	− 0. 7189 *** (0. 1302)	− 0. 7243 *** (0. 1333)	0. 1792 * (0. 0927)	0. 1677 * (0. 0933)
industry_hhi	1. 4564 ** (0. 5847)	0. 9708 (0. 6414)	− 1. 0082 * (0. 5160)	− 1. 0755 ** (0. 4902)

续表

变量	出口选择方程		出口规模方程	
	行业 FDI 开放程度	地区金融市场化程度	行业 FDI 开放程度	地区金融市场化程度
	(1)	(2)	(3)	(4)
Constant	5. 8553 *** (1. 3766)	6. 2201 *** (1. 4373)	3. 6697 *** (0. 8806)	3. 7863 *** (0. 8860)
年份固定效应	是	是	是	是
行业固定效应	是	是	否	否
省份固定效应	是	是	否	否
企业固定效应	否	否	是	是
样本量	499685	499709	212336	212345

（2）地区金融市场化程度。依据樊纲等（2010）公布的各省份金融业市场化得分，按平均值构建反映地区金融市场化程度的虚拟变量（mar），回归结果如表 4－15 所示。可以发现，在出口选择和出口规模方程中，行业产能过剩的回归系数显著为负，交互项 $su \times mar$ 显著为正，这意味着地区金融市场化的发展有利于缓解产能过剩对正常企业出口规模的负面影响。产生上述结果的原因可能是：金融市场化程度越高的地区，正常企业获取外源融资的渠道越是多元化，并且社会资金在产能过剩企业与正常企业之间的分配更加公平，导致正常企业融资约束放松，进而提升正常企业的出口能力。

4.7　本章小结

立足中国出口疲软与产能过剩并存的现实，基于 2000～2007 年中国工业企业数据，从微观层面考察发现，相比于产能过剩企业，正常企业在出口市场的进入、退出都更活跃；相比于非产能过剩行业的正常企业，产能过剩行业内正常企业的新增出口率更低、出口退出率更高，使得出口持续率和出口倾向更低。总体来看，正常企业的出口状况差于产能过剩企业，产能过剩行业出口状况差于非产能过剩行业。计量回归结果表明，行业产能过剩显著抑制了正常企业的出口行为，是造成企业出口疲弱的重要原因之一，而且通过产能过剩指标再度量、变换回归方法、改变回归样本等一系列稳健性检验和内生性检验之后，主要结论仍然不变。机制检验表明，产能过剩通过融资约束效应和技术钳制效应对行业内正常企业的出口产生抑制作用。进一步对正常企业出口规模进行分解，发现产能过剩会导致行业内正常企业长期采取"低价跑量"的出口竞争模式；而调节机制表明，FDI 开放和金融市场化有助于缓解行业产能过剩对正常企业的出口抑制效应。

第 5 章　产能调控政策对企业出口产品质量的影响

5.1　引言

改革开放以来，中国紧抓国际产业转移这一历史机遇，利用国内要素低成本优势融入全球分工体系，推动了国际贸易的快速增长，并逐渐跃升为世界第一大出口国。然而，中国出口贸易的增长主要依赖"以量取胜"，在质量和效益等方面与美国、德国等贸易强国有较大差距（谢申祥等，2018），而且，这种粗放型的出口增长模式容易受到外部环境变化的影响，在中长期是不可持续的（盛斌和魏方，2019）。随着逆全球化思潮兴起与国内传统比较优势的衰弱，严重制约了中国出口贸易的平稳发展。面对国际国内形势的新变化，党的十九大报告明确提出建设"贸易强国"的战略目标；2019 年 11 月，国务院进一步印发《关于推进贸易高质量发展的指导意见》，强调加强质量管理，提高产品质量。企业作为出口贸易的行为主体，其出口产品质量的提升不仅有助于巩固中国的出口竞争优势，减少逆全球化产生的负面影响，而且可以为中国的贸易高质量发展提供有力支撑，加快推进贸易强国建设。因此，探寻推进企业出口产品质量升级的合理措施和有效途径就显得尤为迫切和重要。

事实上，伴随着中国经济向高质量发展阶段迈进，国内经济的结构性问题已经有所改善，但制约经济高质量发展的主要矛盾仍然集中在供给侧（刘鹤，2020）。通过深化供给侧结构性改革，释放制度活力与创新潜力，推动外贸增长由规模速度型向质量效益型转变，进而实现贸易高质量发展和建设贸易强国的强大引擎①。自供给侧结构性改革首次提出以来，已经成为中国经济发展的主线。供给侧结构性改革包括"三去一降一补"五大重点任务，其中"去产能"任务旨在通过"控制增量、优化存量"等措施防止和化解中国长期存在的产能过剩问题。那么，"去产能"的过程是否有助于中国出口贸易的高质量发展？具体的作用机制如何？本章以中国"去产能"过程中实施的产能调控政策为研究对象，考察其对企业出口产品质量的影响效应，这不仅有助于厘清对中国供给侧结构性改革成效的认识，而且可以为推动中国贸易高质量发展和建设贸易强国提供理论依据。

与既有文献相比，本章可能的边际贡献主要有：其一，丰富了产业政策评估的新内容。绝大多数产业政策效果的研究集中于分析"激励型"产业政策，而讨论"抑制型"或"有保有控"产业政策效果的文献数量与深度还十分有限。采用双重差分法从企业出口产品质量视角评估评估产能调控政策效果，是对产业政策评估相关研究的有益补充。其二，开拓了企业出口产品质量影响因素的新视角。目前，鲜有文献从"抑制型"或"有保有控"政策视角考察企业出口产品质量升级问题，本书不但有助于深化新新贸易理论，还能加深对出口产品质量提升以培育贸易竞争新优势的认识。其三，深化了产能调控政策的政策意义。目前关于产能调控政策合意性问题仍然存在较大争议，本章的研究发现有助于深化对产能调控政策效果的认识，为稳妥推进供给侧结构性改革提供理论依据。

5.2 政策背景与研究假设

5.2.1 政策背景

自计划经济向社会主义市场经济转型过程中，产品过剩、产能过剩问

① 国务院新闻办公室在介绍《中共中央 国务院关于推进贸易高质量发展的指导意见》的有关情况时指出：《指导意见》坚持问题导向，针对外贸发展的短板和薄弱环节，强调深化供给侧结构性改革和外贸体制改革，激发制度的活力和创新的潜力，推动外贸发展由要素驱动向创新驱动转变，由规模速度型向质量效益型转变，由成本、价格优势为主向竞争新优势转变。因此，深化供给侧结构性改革是中国实现外贸高质量发展的重要手段。http：//www.gov.cn/xinwen/2019 - 12/09/content_5459764.htm。

题也相伴而生。截至目前，中国先后出现了三次大规模的产能过剩（卢锋，2010；王自锋和白玥明，2017）。产能过剩被认为是"实体经济领域中的泡沫"，已经成为中国面临的重要经济风险之一，如引发社会资源浪费、金融风险增加、产业组织恶化、企业利润下滑等问题（Lee and Jang，2012；Dagdeviren，2016；Ahmed and Cassou，2016；黄秀路等，2018）。为了化解中国存在的产能过剩矛盾，国家频繁出台各种产能治理措施。具体地，1999 年 1 月，原国家经贸委颁布《关于做好钢铁工业总量控制工作的通知》，要求全国钢铁产量压缩 10%；2003 年 12 月 23 日，国务院转发《关于制止钢铁电解铝水泥行业盲目投资若干意见的通知》，要求各地区、各部门坚持以市场为导向，依照产业政策和发展规划，采取有力措施来遏制相关行业盲目投资与低水平重复建设的势头，促进这些行业健康发展；2006 年 3 月 12 日，国务院发布《关于加快推进产能过剩行业结构调整的通知》，指出产能过剩行业不但总量过剩，在组织结构、技术结构以及产品结构上的不合理问题也很严重，迫切需要加快推进产能过剩行业的结构调整；2009 年 9 月 26 日，国家发展改革委等部门按照"保增长、扩内需、调结构"的总体要求，颁布了《关于抑制部分行业产能过剩和重复建设引导产业健康发展的若干意见》；2013 年 10 月 6 日，国务院印发《国务院关于化解产能严重过剩矛盾的指导意见》，指出要重点化解钢铁、电解铝、水泥、船舶、平板玻璃等行业产能过剩矛盾；2015 年中央经济工作会议中，将"去产能"列为下一年经济发展的五项任务之首。此后，国务院几乎每年都会出台化解产能过剩的相关政策，如《关于做好 2018 年重点领域化解过剩产能工作的通知》《关于做好 2019 年重点领域化解过剩产能工作的通知》以及《关于做好 2020 年重点领域化解过剩产能工作的通知》等。

考虑以上各项产能调控政策内容与数据可获得性，且为了避开金融危机的干扰，本章选取 2003 年 12 月 23 日《关于制止钢铁电解铝水泥行业盲目投资若干意见的通知》和 2006 年 3 月 12 日《关于加快推进产能过剩行业结构调整的通知》（以下简称"两项通知"），考察产能调控政策对企业出口产品质量升级的影响。"两项通知"具有两个特点：一是政策出台时间的不可预测性。由于统计部门尚未对企业产能过剩程度进行测算与统计，缺乏自下而上的反映中国真实产能过剩现状的指标体系，且没有公认的产能过剩判断标准，使得企业缺乏对产能过剩程度的准确认知，从而降低了企业正确预测产能调控政策出台时间的概率。此外，由于第二次大规模产能过剩发生于 2003～2006 年，即使企业能够准确获知产能过剩程度，也无法在短期内干预政府决策，从而也就不能预知产能调控政策的具体出台时间。因此，对于企业而言，"两项通知"的出台是一个外生冲击。二是政策冲击影响对象的广泛性。"两项通知"中明确列示了需要进行产能调控的行业，而且覆盖范围较为广泛，既包括钢铁、电解铝等重工业，也包括纺织等轻工业，这在一定程度上缓解了特定行业或企业冲击对估计结果产生的干扰，有助于准确识别出产能调控政策对企业出口产品质量的影响。

总体而言，"两项通知"是中央为化解产能过剩矛盾颁布的"抑制型"产业政策，对出口企业而言是一个外生冲击，且其影响对象比较广泛，这为本章运用双重差分法考察产能调控政策对企业出口产品质量的影响提供了很好的研究素材。

5.2.2 研究假设

"去产能"是"三去一降一补"五项任务之首，产能调控政策是化解产能过剩矛盾的重要举措。政策不仅规定了详细的市场准入条件，即达不到最低条件的项目一律不得批准建设，还要求各级自然资源部门切实加强用地管理，以及限制产能过剩严重且同质化水平较高的产品进口等。伴随着这些政策内容的逐渐落实，产品供需严重不平衡的现状得以缓解，这有助于扭转企业间恶性竞争困境，推进行业有序竞争环境的形成，促进产品价格回暖，进而提高行业企业利润率、增加现金流量，最终提升企业内源融资能力（葛顺奇和罗伟，2013；陈艳莹和吴龙，2015；Chaney，2016）。进一步地，对企业自身而言，产能调控压力与生存压力迫使其淘汰落后生产能力、精简雇员等以实现企业瘦身，降低企业闲置成本，进而提高企业盈利水平、改善内源融资能力。需要注意的是，产能调控政策要求金融机构增强风险意识、强化信贷审核，按照是否符合产业政策和各项市场准入条件提供贷款，即实施"有保有控"的信贷政策。然而，作为营利性的市场主体，银行等金融机构与中央政府的目标函数具有非一致性，在政策实施过程中具有较大自主性，加之金融机构获取信息的不对称性（刘婧宇等，2015；丁杰，2019），导致"有保有控"信贷政策存在非完全执行的可能，往往无法提高企业外源融资能力①。

经验研究表明，企业融资能力改善对出口产品质量具有明显的提升作用（Ciani and Bartoli，2015；Crino and Ogliari，2016；兰健和张洪胜，2019）。从中间品使用来看，国内外中间品在产品质量、种类等方面存在差异，中间品进口有助于提升企业出口产品质量（Eck et al.，2014；Bas and Strauss-Kahn，2015；许家云等，2017）。然而，与从国内市场购买中间品相比，从国际市场采购中间品需要承担市场信息收集、运输网络构建、技术调整等产生的固定成本，只有融资能力较强的出口企业才能支付这些成本（Aristei and Franco，2014；武力超和刘莉莉，2018）。由此，改善的企业融资能力通过进口中间品质量与种类影响企业出口产品质量。基于上述分析，本章提出以下假设：

假设 1：产能调控政策能通过提高企业利润率增强企业内源融资能力，进而提升出口产品质量；但产能调控政策无法优化信贷资源配置、提升企业外源融资能力。

随着化解产能过剩措施的层层推进，面临政府调控压力、市场竞争压力与生存压力的企业为满足淘汰落后生产能力、推进技术升级要求不断进行创新。一方面，在实施产能调控政策过程中，市场优胜劣汰机制与债务杠杆的有效缓解激发企业进行技术改进，实现企业转型升级与提高市场竞争力（Aghion et al.，2005；张杰等，2015；罗能生等，2018）。另一方面，产能调控政策鼓励增加高附加值产品的供给能力，限制发展质量低劣、污染严重品种，要求降低资源消耗，实现清洁化生产等，这些环境规制措施能够引发企业选择新的生产方式与新产品，激励企业进行创新活动，形成创新补偿机制（Porter and Linde，1995；盛丹和张慧玲，2017）。此外，政策鼓励有实力的大型企业集团进行兼并重组，这可以扩充兼并企业的知识存量，使企业创新产出以非线性比例增加；先进企业兼并落后企业可以减少研发创新活动的冗余，提高研发资金使用效率与创新水平；兼并重组还可以扩充企业研发团队，为并购后企业注入技术研发血液，提升新知识的吸收能力，进而提高企业创新水平（吴先明和苏志文，2014；王桂军，

---

① 产能调控政策中"有保有控"信贷政策对企业外源融资能力的实证结果见附录 C。

2019）。既有理论与实证研究显示，企业创新水平的提高有助于提升其技术吸收能力，改进相关产品的工艺、标准与性能，是实现企业出口产品质量升级的重要途径（Faruq，2010；戴觅和余淼杰，2012；施炳展和邵文波，2014；段文奇等，2020）。基于上述分析，本章提出以下假设：

假设2：产能调控政策能倒逼企业进行技术改进以提高创新水平，进而提升出口产品质量。

概括来讲，"两项通知"主要涉及两个部分的内容：一是对产能增量进行管控，如切实防止固定资产投资反弹、严格控制新上项目等；二是对现有存量进行调整，如"引导产业结构调整和升级""促进总量平衡和结构优化""推动企业自主创新、主动调整结构"等。增量管控措施将会促使受管控行业企业资源变得稀缺，提高资源的"边际效用"与要素使用成本，进而增强企业充分利用现有资源的意愿，提高资源配置效率（Capron and Chatain，2008；饶品贵和姜国华，2013）。政府鼓励企业优化组织结构、技术结构以及产品结构，这些存量调整措施必定伴随着企业内部生产要素的重新组合，带来生产、投资结构调整，进而对企业资源配置效率产生影响（韩超等，2017）。此外，产能调控政策带来的供需矛盾缓解有助于发挥市场机制作用，改善行业竞争环境、理顺价格机制，进而纠正经济中的配置扭曲问题，降低企业资源错配程度（王文等，2014；张天华和邓宇铭，2020）。伴随企业资源错配程度下降的是企业淘汰落后产能、使用先进生产能力，资源从低效率或低质量产品流向高效率或高质量产品的生产，这些有利于提升企业出口产品质量（苏丹妮等，2018；戴美虹，2019）。基于上述分析，本章提出以下假设：

假设3：产能调控政策中增量管控与存量调整措施有助于降低企业资源错配程度，进而提升出口产品质量。

5.3　研究设计

5.3.1　计量模型设定

为了评估产能调控政策对企业出口产品质量升级的作用，简单直观的方法是比较这一政策冲击实施之前与实施之后企业出口产品质量的差异，然而这种做法得到的政策效果一般是不准确的。因为在产能调控政策实施前后，除了政策本身之外还有其他因素会影响企业出口产品质量，同一时间段内其他政策也可能会对企业出口产品质量产生重要影响，这些都会干扰政策评估效果。因此，本章拟采用"前后差异"和"有无差异"结合的双重差分法（difference-in-difference，DID）进行实证研究，以控制除政策冲击因素之外其他因素的影响。本章的处理组为 2000~2008 年受到产能调控政策干预的出口企业；对照组为整个样本期内从未受到产能调控政策干预的出口企业。在满足平行趋势假定的情况下，对照组企业出口产品质量的变化反映了除产能调控政策之外其他因素的影响，从处理组企业出口产品质量的前后变化中减去对照组的前后变化便是产能调控政策实施的净效应。

使用双重差分模型最重要的前提是满足平行趋势假设（common trend），以保证两组样本具有可比性。但通常情况下，这一假设无法得到满足，于是产生了一个较弱的平行趋势假设，即在控制可观测变量后满足平行趋势假设。为此，本章使用 Logit 模型得到出口企业受到政策干预的概率值，并据此为每个处理组出口企业选择在同一时间最有可能受到产能调控政策干预的出口企业作为对照组。

具体而言，借鉴贝克等（2010）、陆毅等（2015）的做法，选取国务院 2003 年 12 月 23 日转发的《关于制止钢铁电解铝水泥行业盲目投资若干意见的通知》和 2006 年 3 月 12 日发布的《关于加快推进产能过剩行业结构调整的通知》构建准自然实验框架，以考察产能调控政策对企业出口产品质量的作用效果。实证模型设定如下：

$$quality_{ijt} = \alpha + \beta \, treat_{ij} \times post_{ijt} + \varepsilon_t + \varepsilon_i + \mu_{ijt} \qquad (5-1)$$

在式（5-1）中，i 表示企业，j 表示企业所在的四位码行业，t 表示时间；$quality_{ijt}$ 为结果变量，表示企业出口产品质量；$treat_{ij}$ 为二值变量，当企业 i 所在的行业 j 受到产能调控政策影响时取 1，否则取 0；$post_{ijt}$ 为二值变量，当时间 t 处于企业 i 所在的行业 j 受产能调控政策影响之后取 1，否则取 0；β 为本章重点关注的回归系数，衡量产能调控政策实施的净效应；ε_t 为时间固定效应，用来控制不随企业变化的时序波动，如汇率、经济周期等；ε_i 为企业固定效应，控制只随企业变化的特征；μ_{ijt} 表示随机误差项。

5.3.2 关键变量描述

关键被解释变量为企业出口产品质量（$quality_{ijt}$）[①]。借鉴坎德尔瓦尔等（2013）、樊海潮和郭光远（2015）以及刘启仁和铁瑛（2020）的做法，使用需求函数倒推质量的方法估计企业出口产品质量。具体而言，首先将产品质量引入消费者效用函数中，由此推导出包含产品质量、价格、消费者价格指数以及目的国市场规模的需求函数；其次对需求函数两边取对数、将数量与价格移到方程左边，进而得到产品质量测算方程：

$$\ln q_{ihdt} + \sigma_h \ln p_{ihdt} = x_h + x_{dt} + \varepsilon_{ihdt} \qquad (5-2)$$

其中，i 表示企业，h 表示产品，d 表示目的国，t 表示时间；q_{ihdt} 为需求数量；p_{ihdt} 为产品价格；σ_h 为根据布罗达等（2006）给出 HS 三位码的 σ 值；x_h 为产品层面固定效应，用以控制随产品变化而不随时间、目的国与企业变化的产品特征；x_{dt} 为目的国—年份固定效应，用以控制目的国偏好变动等。对式（5-2）进行回归得到的残差 $\hat{\varepsilon}_{ihdt}$ 除以（$\sigma_h - 1$）便是企业—产品—目的国—年份层面出口产品质量的对数值。进一步地，为了保证不同产品、不同企业、不同目的国之间的产品质量具有可比性，借鉴施炳展和邵文波（2014）、段文奇等（2020）的做法，将测算得到的出口产品质量进行标准化，即在 HS 六位码 – 年份维度上计算出产品质量的最大值 $quality_{ht,max}$ 和最小值 $quality_{ht,min}$，则标准化公式为：

$$quality_{ihdt,std} = (quality_{ihdt} - quality_{ht,min})/(quality_{ht,max} - quality_{ht,min})$$
$$(5-3)$$

最后，借鉴许和连和王海成（2016）的做法，按照企业各产品出口额

[①] 本章使用企业而不是产品层面的出口质量，主要出于以下考虑：一是关键解释变量与协变量数据来源于中国工业企业数据库，为企业—年份层面数据，如果使用企业—产品—目的国—年份层面出口质量数据，且不引入新信息情况下，成倍扩大的观测值数量将导致标准误差变小；二是本章主要关注点在于产能调控政策对企业平均出口产品质量的影响，而并非企业内各产品质量的动态变化（Manova and Zhang，2012；许和连和王海成，2016）。当然，选用企业层面的出口质量也并非完美，如通过加权平均得到的企业出口质量可能存在测量误差，因而后文将使用企业—产品—目的国—年份层面出口质量作为稳健检验的一部分。

进行加权，加总得到企业—年份层面的出口产品质量。此外，本章还参照芬斯特拉和罗马利斯（2014）、余淼杰和张睿（2017），测算中国企业出口产品质量，以作为稳健性检验的一部分。

关键解释变量为 $treat_{ij} \times post_{ijt}$，即政策分组变量与时间变量的交乘项，其回归系数 β 是关注的重点。若 β 显著为正，则表示在产能调控政策实施之后，与对照组企业相比，处理组企业出口产品质量显著提升；若 β 显著为负，则表示产能调控政策显著降低了企业出口产品质量。需要注意的是：（1）第一次产能调控政策明确规定"制止钢铁、电解铝和水泥行业盲目投资"，第二次政策则指出"钢铁、电解铝、电石、铁合金、焦炭、汽车等行业产能已经出现明显过剩，水泥、煤炭、电力、纺织等行业目前虽然产需基本平衡，但在建规模很大，也潜藏着产能过剩问题"。但调控政策中涉及的行业名称不能与国民经济行业分类标准严格对应，为此本章将这些行业名称尽可能地匹配到国民经济行业分类中的大类、中类或小类上，最终得到的受产能调控政策干预的行业包括炼铁、炼钢、钢压延加工、铁合金冶炼、铁矿采选、铝矿采选、铝冶炼、水泥石灰和石膏的制造、水泥及石膏制品制造、汽车制造、其他基础化学原料制造、炼焦、煤炭开采和洗选业、电力热力的生产和供应业、电气机械及器材制造业、纺织业，涵盖了 73 个四位码行业。（2）由于第一次政策冲击发生在 2003 年年底，将政策冲击时间设定为 2004 年，即 $post_{ijt}$ 在 2004 年及其之后年份取 1，2004 年之前取 0；而第二次政策冲击发生在 2006 年年初，将政策冲击时间设定为 2006 年，即 $post_{ijt}$ 在 2006 年及其之后年份取 1，2006 年之前取 0。

5.3.3　数据处理

使用 2000 ~ 2008 年[①]中国工业企业数据与中国海关数据进行实证检验。中国工业企业数据库的处理与价格指数的构建方法如第 3 章 3.1 节所示。中国海关数据库收录了产品层面的贸易数据，包括企业名称、企业性质、邮编、电话、联系人等企业基本信息，以及进出口数量、价格、金

---

①　由于第二次政策冲击年份发生在 2006 年，为了更好地识别出政策影响，本章将样本数据从 2007 年延长至 2008 年。此外，本章只使用了 2003 年与 2005 年企业产能利用率的数据，因此延长至 2008 年不受数据缺失的影响。

额、贸易方式、原产国或起运国等贸易信息。对海关数据进行如下处理：
（1）保留 2000~2008 年的出口数据。（2）剔除贸易型企业。借鉴樊海潮
等（2015），剔除企业名称中包含"出口""进出口""贸易""经贸"等
字符的样本。（3）统一 HS6 位码。按照 United Nation 转码表，将 2002 年
之后的 HS 编码转换成 HS1996 编码。（4）月度数据汇总成年度数据。

在分别处理以上两个数据库的基础上，借鉴余淼杰（2015）和许家云
等（2016）的做法匹配工业企业数据库与海关数据库。具体而言：首先，
依据年份与企业名称进行匹配；其次，根据邮编与电话后七位对上一步未
能匹配的数据进行匹配，保留成功匹配的数据；最后，将企业—产品—目
的国—年份层面海关数据加总至企业—年份层面，作为本章实证分析的初始
样本。在初始样本中，处理组为受到产能调控政策干预的出口企业。为了满
足平行趋势假设，参考陆毅等（2013）与陈勇兵等（2020）的做法，采用
Logit 回归估计出口企业受到干预的概率值，并据此为每个处理组出口企业选
择在同一时间最有可能受到产能调控政策影响的出口企业作为对照组。

协变量的选取主要基于以下考虑：（1）行业产能利用率（*cu_indus-try*）。根据"两项通知"，钢铁、电解铝、水泥等行业存在盲目投资、低水
平重复建设与生产能力过剩现象，这些行业是产能调控政策的首要规制对
象。在通常情况下，行业产能利用率越低，即产能过剩程度越严重，国家
实施产能调控政策的可能性越大。参照范林凯等（2019）基于生产函数理论
拓展得出的成本函数法测算行业产能利用率，预期回归系数为负。（2）行业
集中度（*industry_hhi*），用四位码行业中各企业销售额占该行业总销售额
份额的平方和来衡量。当生产能力大大超过预期需求时，必将导致市场无
序竞争，政策文件中鼓励企业重组、提高行业集中度，行业集中度与是否
受到产能调控政策干预呈负相关。（3）行业资产负债率（*liabilities_rate*），
用行业总负债除以总资产得到。"两项通知"指出"金融机构要增强风险
意识，强化信贷审核"，"对于不符合市场准入条件的项目一律不得贷款"，
基于此，资产负债率较高行业受到政策干预的概率越大。（4）行业利润率
（*profit_rate*），用行业总利润除以销售额衡量。产能调控政策文件中提到，
"部分行业产品价格下跌，库存上升，企业利润增幅下降，亏损增加……
必须下决心抓紧解决"，因此行业利润率越低受政策干预的可能性越大。
（5）企业全要素生产率（*tfp*）。产能调控政策明确规定，"为保证技术先进

性，现有生产企业要通过技术进步、提高装备水平达到规定条件""分期分批淘汰一批落后生产能力"。本章采用莱文森和佩特林（2003）法得到企业全要素生产率，衡量落后产能，全要素生产率较低企业受到政策干预的概率更大。（6）企业规模（lnsize），用企业从业人员数的对数值表示。大规模企业更有可能存在盲目投资、低水平重复建设现象，因而其受政策干预的可能性较大。（7）企业年龄（lnage），用观测值所在年份与企业成立年份之差加 1，并取对数来衡量。（8）企业所有制（state_owned）。

Logit 估计结果如表 5-1 所示，上述行业与企业特征变量均对是否受到产能调控政策干预产生显著影响，且符号与预期相符。根据模型拟合值，采用近邻匹配方法为每个处理组出口企业选择在同一时间最有可能受到产能调控政策干预的出口企业作为对照组，进而得到本章最终实证样本。

表 5-1　　　　　　受到政策干预概率的 Logit 回归结果

变量	受到政策干预的概率
cu_industry	-5.0667 *** (0.4093)
industry_hhi	-4.2281 *** (0.5687)
liabilities_rate	7.5741 *** (0.2526)
profit_rate	-4.7357 *** (0.7771)
tfp	-0.2057 *** (0.0142)
lnsize	0.1399 *** (0.0126)
lnage	-0.0718 *** (0.0185)
state_owned	-0.1641 *** (0.0600)
Constant	-0.1305 (0.3986)
Pseudo R^2	0.0375
Observations	45476

注：括号内数值为标准误；*、**、*** 分别表示在 10%、5%、1% 的显著性水平。

5.3.4 相关关系的初步描述

在进行严格的实证分析之前，此处通过图 5 - 1 直观描述产能调控政策实施前后出口产品质量的演变情况。在产能调控政策实施之前，处理组与对照组企业的出口产品质量发展趋势一致；在政策实施之后，对照组企业出口产品质量上升幅度较小，但处理组企业的出口产品质量却呈现大幅度提升态势。这表明产能调控政策实施后，受到政策冲击的处理组企业的出口产品质量要比未受到政策冲击的对照组的出口产品质量平均增长得多，即产能调控政策对企业出口产品质量存在正向影响。此外，图 5 - 1 中政策冲击前后两组企业出口产品质量的演变情况还可作为 DID 的事前检验，这在一定程度上可以证明企业出口产品质量提升并不是由产能调控政策之外的其他因素导致的，即满足平行趋势假定，这是保证双重差分模型有效性的最关键前提假定之一。

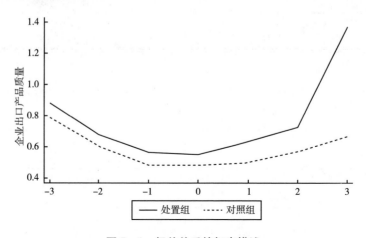

图 5 - 1　相关关系的初步描述

5.4　实证结果分析

5.4.1　基准回归结果

为了识别产能调控政策是否对企业出口产品质量具有提升作用，设计了双重差分模型（5 - 1），实证结果如表 5 - 2 所示。第（1）列估计引入了企业与年份固定效应，分组变量与时间变量乘积项 $treat \times post$ 的系数显著为正，即相对于未受产能调控政策影响的出口企业而言，受到政策冲击企业的出口产品质量上升更明显，因此可以认为产能调控政策的实施显著促进了出口产品质量提升，受政策干预企业的出口产品质量要高出未受政策干预企业约 0.0265。这也从侧面说明了产能调控政策并非"越调越乱"，而是显著提升了受干预企业的出口产品质量，这与前文提出的研究假设一致。

表 5 - 2　　产能调控政策与企业出口产品质量：基准回归结果与 DID 有效性检验

变量	因变量：企业出口产品质量				
	（1）	（2）	（3）	（4）	（5）
$treat \times post$	0.0265 *** (0.0091)	0.0324 ** (0.0141)		0.0234 ** (0.0093)	0.0227 ** (0.0088)
$treat \times Dpre\_2$					0.0097 (0.0133)
$treat \times Dpre\_1$				0.0049 (0.0110)	
$treat \times pre\_2$		0.0106 (0.0140)	0.0145 (0.0140)		
$treat \times pre\_1$		0.0090 (0.0144)	0.0136 (0.0144)		
$treat \times pro\_1$			0.0142 (0.0147)		
$treat \times pro\_2$			0.0532 *** (0.0148)		
$treat \times pro\_3$			0.0620 *** (0.0165)		
$Constant$	0.4022 *** (0.0148)	0.4021 *** (0.0148)	0.4020 *** (0.0148)	0.4021 *** (0.0148)	0.4021 *** (0.0148)
年份固定效应	是	是	是	是	是
企业固定效应	是	是	是	是	是
R^2	0.0381	0.0381	0.0383	0.0381	0.0381
样本量	136056	136056	136056	136056	136056

注：括号内数值为聚类标准误；*、**、*** 分别表示在 10%、5%、1% 的显著性水平；以下各表同。

5.4.2 DID 有效性检验

（1）平行趋势与动态效应分析。受政策干预企业的出口产品质量提升，可能与同一时间段内其他政策或时间趋势相关。如果在产能调控政策实施之前处理组企业出口产品质量的演变趋势明显异于对照组企业，则可能导致政策冲击对企业出口产品质量的影响有偏。因而，估计结果有效的最重要前提是产能调控政策实施前处理组与对照组的企业出口产品质量没有显著差异。因此，将分组变量与政策实施之前各年份的虚拟变量交乘项（$treat \times pre\_i$）引入式（5-1），具体回归结果见表 5-2 第（2）列。从中可以看出，$treat \times pre\_i$ 的估计系数均不显著，表明两类企业的出口产品质量在政策实施前没有明显差异，验证了平行趋势假定，这与图 5-1 相关关系描述的结果是一致的。

双重差分模型估计的是处理组与对照组企业出口产品质量在政策实施后的平均差异。为了进一步考察产能调控政策对企业出口产品质量的作用是否存在时滞性或持续性特征，将分组变量与政策实施之后各年份的虚拟变量交乘项（$treat \times pro\_i$）引入式（5-1）进行动态效应分析，具体实证结果如表 5-2 中第（3）列所示。从 $treat \times pro\_i$ 的回归系数可以看出，产能调控政策对企业出口产品质量的提升作用在第一年不显著；第二年的处理效应较为明显，$treat \times pro\_2$ 的系数为 0.0532，且在 1% 的水平上显著；第三年的处理效应最大，$treat \times pro\_3$ 的系数为 0.0620，且在 1% 的水平上显著。这说明短期内，产能调控政策对企业出口产品质量升级没有显著影响，但在第二年之后开始产生影响，即政策的出口产品质量提升效应存在一定时滞性。可能的原因是："两项通知"属于纲领性文件，各级地方政府需要一定时间根据当地实际情况制定配套的相关细则。此外，由于这一"抑制型"产业政策将会在短期内带来"阵痛"，如减缓当地经济发展速度、引发失业等，在政策颁布初期地方政府大多处于观望态度，仍然以追求经济增长为核心发展模式，从而弱化产能调控政策的执行力度（杨其静和吴海军，2016）。

（2）预期效应检验。如果企业在产能调控政策实施之前预期到该项政策将会实施，且做出要素投入、生产结构等相应调整，以避免产能调控政策实施之后对其出口产品质量带来不利冲击，那么将会干扰本章的政策实施效果。为此，本章在式（5 - 1）中加入 $treat \times Dpre\_1$ 与 $treat \times Dpre\_2$ 进行预期效应检验。其中 $Dpre\_1$ 指产能调控政策提前到实际冲击年份前 1 年实施的虚拟变量，即将政策冲击前 1 年及之前年份设定为 0；之后年份设定为 1。$Dpre\_2$ 的定义方式与之类似。从表 5 - 2 中第（4）、第（5）列可以看出，交互项 $treat \times Dpre\_1$ 与 $treat \times Dpre\_2$ 的估计系数均不显著且很小，表明企业在产能调控政策实施之前并没有预期到且做出相应调整，说明产能调控政策实施具有较强的外生性。与此同时，与基准回归结果相比，$treat \times post$ 的系数并没有发生实质性的变化。

（3）安慰剂检验。安慰剂检验是将产能调控政策实施年份设定在原本冲击年份之前的某个时期，且仅保留政策冲击前的样本以考察是否依然存在企业出口产品质量的提升效应。正如前文所述，双重差分法的前提条件之一是在政策实施之前处理组与对照组企业出口产品质量没有显著差异，因此如果将政策实施年份设定在原本冲击年份之前的某个时期，那么 $treat \times post\_i^{false}$①的估计系数将不显著。相反，如果 $treat \times post\_i^{false}$ 估计系数显著为正，则说明确实存在一些潜在且不可观测的因素促进企业出口产品质量提升，而不仅仅是因为产能调控政策实施带来的出口产品质量提升作用。为了使实证结果更加稳健，本章分别将政策实施年份设定在原本冲击年份的前 3 年、前 2 年、前 1 年，其估计结果对应于表 5 - 3 中第（1）～第（3）列。根据表 5 - 3 可知，核心解释变量的系数均不显著，表明在产能调控政策实施之前，不存在任何时间趋势促使企业出口产品质量提升，即排除潜在且不可观测因素对出口产品质量的影响。

表 5 - 3　　　　　　　　　　安慰剂检验一

变量	因变量：企业出口产品质量		
	（1）	（2）	（3）
$treat \times post\_i^{false}$	- 0. 0049 (0. 0154)	0. 0146 (0. 0150)	0. 0018 (0. 0111)
Constant	0. 4016 *** (0. 0140)	0. 4016 *** (0. 0140)	0. 4016 *** (0. 0140)

---

① $post\_i^{false}$ 表示虚拟的政策冲击时间变量，时期 i（原本冲击年份之前的某个时期）及其之后年份取 1；否则取 0。

续表

变量	因变量：企业出口产品质量		
	(1)	(2)	(3)
年份固定效应	是	是	是
企业固定效应	是	是	是
R^2	0.0463	0.0463	0.0463
样本量	77583	77583	77583

　　双重差分法通过对比对照组，能够减少部分需要控制的因素，且式（5-1）中还控制了企业、年份固定效应来缓解遗漏变量问题，但仍然可能存在一些不可观测的因素，从而导致估计结果有偏。为此，本章采用如下方法间接检验这些遗漏的不可观测因素是否会影响估计结果：从实证样本中随机抽取受政策干预的个体和不受政策干预的个体，即得到虚拟的处理组与控制组，构造用于安慰剂检验的"伪"分组变量 $treat^{false}$，进而构建交乘项 $treat^{false} \times post$，对式（5-1）重新进行回归，记录下核心解释变量的回归系数与标准误。为了规避小概率事件干扰本章结论，重复以上过程200次。200次的核心解释变量回归系数与 t 值的核密度分布如图5-2所示。交乘项 $treat^{false} \times post$ 的估计系数均值为 -0.0001，接近于0，标准差为0.0051；实际估计系数为左图中的虚线（取值为0.0265），属于安慰剂检验系数分布的异常值。与此同时，t 值在 ±1.96 以外属于小概率事件，说明200次随机抽样中绝大部分 t 值落在 ±1.96 之间，即核心解释变量不显著。综合来看，$treat \times post$ 对处理组企业出口产品质量的提升作用只存在于真实产能调控政策发生之后，这进一步排除了潜在且不可观测的因素对企业出口产品质量的影响。

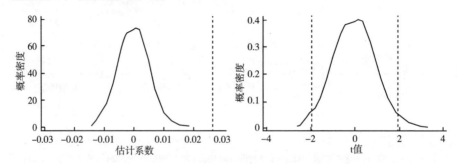

图5-2　随机分组的回归系数与 t 值核密度分布

5.4.3　稳健性检验

前文在基准回归的基础上，对平行趋势、动态效应、预期效应以及安慰剂检验进行了考察。为了进一步保证估计结果的可靠性与稳定性，本小节将从改变对照组选取方法、替换因变量、加入控制变量与高维固定效应等方面进行稳健性检验。

（1）双重差分倾向得分匹配法。为了充分利用工业企业数据库与海关数据库的多期面板数据，利用式（5-1）考察产能调控政策对企业出口产品质量升级的影响。作为稳健性分析，此处基于两期样本并运用双重差分倾向得分匹配法估计政策实施一年、二年以及三年的效应，具体实证结果如表5-4所示。表中 ATT 为参与者处理效应，反映产能调控政策带来的企业出口产品质量升级效应。由表5-4可知，产能调控政策在政策实施第一年对企业出口产品质量没有显著影响，但政策实施第二年与第三年有显著的提升效应，这表明产能调控政策的出口产品质量提升效应存在一定的滞后性。

表5-4　　　　稳健性检验（一）：双重差分倾向得分匹配法

	政策实施第一年	政策实施第二年	政策实施第三年
ATT	0.0207 (0.0128)	0.0787 *** (0.0180)	0.0770 *** (0.0199)
样本量	53148	50300	41195

（2）改变对照组选取方法。基准回归采用近邻匹配方法，为每个处理组出口企业选择在同一时间最有可能受到产能调控政策干预的出口企业作为对照组。为了测试基准实证结果对匹配方法选择的敏感性，我们使用核匹配方法以得到新的实证样本，在此基础上重新估计式（5-1）。表5-5中第（1）列汇报了相应的回归结果，可以看出，*treat × post* 的回归系数在1%水平上显著为正，表明相较于对照组出口企业而言，受产能调控政策干预的企业出口产品质量有了显著提升，这与基准回归结果保持一致。

表 5 - 5   稳健性检验（二）

变量	核匹配	行业层面 treat	两期估计	删除离群值
	（1）	（2）	（3）	（4）
$treat \times post$	0.0273 ***	0.0180 **		0.0186 ***
	(0.0073)	(0.0085)		(0.0072)
$treat \times post_2$			0.0232 **	
			(0.0108)	
$Constant$	0.3620 ***	0.0152	0.2430 ***	0.2169 ***
	(0.0077)	(0.0356)	(0.0118)	(0.0128)
年份固定效应	是	是	是	是
企业固定效应	是	是	是	是
R^2	0.0392	0.0366	0.0329	0.0440
样本量	363451	221674	49831	122451

为了增强处理组与对照组之间的可比性，前文 Logit 回归模型中以出口企业是否受到产能调控政策干预为因变量，且加入行业与企业层面协变量。"两项通知"是国务院为化解产能过剩矛盾而发布的产业政策，涉及钢铁、水泥、电解铝、焦炭、汽车、纺织等多个行业，对单个企业而言符合政策外生性假设，但受到政策直接冲击的是行业层面。因此，此处首先选取行业特征变量作为协变量，以行业是否受到政策冲击为被解释变量，进行 Logit 回归；其次在双重差分模型中加入企业特征作为控制变量，实证结果呈现在表 5 - 5 中第（2）列。从中可知，$treat \times post$ 的估计系数在 5% 的水平上显著为正，结果依然稳健。

（3）两期估计。基于多期倍差法识别产能调控政策的出口产品质量提升效应，采用这种模型设定的优点在于可以利用多个年份数据，捕捉政策冲击在每年的不同作用。但多期倍差法在统计推断中存在一定弊端：①如果出口企业对产能调控政策的反应存在滞后性，那么有可能低估政策冲击的真实效应；②由于以出口企业为样本，而其中部分企业不是每年连续出口，这使估计结果有可能出现偏误；③多期倍差法常常存在序列相关问题，导致估计系数显著性水平的高估（Bertrand et al.，2004）。为此，采用两期 DID 方法作为稳健性检验。具体地，将全样本按照冲击发生前后划分为两个粗略的时间段，即冲击前样本和冲击后样本，进而构造核心解释

变量 $treat \times post_2$（冲击发生后的样本 $post_2$ 取值为 1；否则取值为 0），并且计算冲击发生前后的企业平均出口产品质量，以考察两期样本中处理组企业出口产品质量的变化。根据表 5 - 5 中第（3）列结果可知，$treat \times post_2$ 的回归系数显著为正，且其大小与基准回归相差较小，表明考虑潜在的序列相关等问题之后，本章的主要结论依然稳健。

（4）删除离群值。考虑到样本数据的离群值可能会影响估计结果，以政策冲击前企业平均出口产品质量为排除条件，删除低于 5 百分位、高于 95 百分位的样本①。从表 5 - 5 中第（4）列可以看出，其回归结果与本章主要研究结论保持一致，这表明本章的基准回归结果不受离群值影响。

（5）替换因变量。主要采取以下做法替换前文中的因变量：①使用布罗达等（2006）给出替代弹性的平均值测算出口产品质量（$quality_{sigma\_mean}$）。②基于芬斯特拉和罗马利斯（2014）的企业内生化质量决策框架，并参照余淼杰和张睿（2017），系统考虑供给与需求因素，测算中国企业出口产品质量（$quality_{FR}$）。③使用企业—产品—目的国—年份层面出口质量。从表 5 - 6 可知，无论是 $quality_{sigma\_mean}$、$quality_{FR}$，还是企业—产品—目的国—年份层面出口质量，$treat \times post$ 的回归系数均显著为正，即产能调控政策对出口产品质量的提升效应依然存在，表明主要结论是可信的。

表 5 - 6　　　　　稳健性检验（三）

变量	$quality_{sigma\_mean}$	$quality_{FR}$	企业—产品—目的国—年份层面出口质量
	(1)	(2)	(3)
$treat \times post$	0.0509 *** (0.0075)	0.0210 *** (0.0061)	0.0044 * (0.0024)
Constant	- 0.0025 (0.0086)	0.8701 *** (0.0077)	- 0.0007 *** (0.0002)
年份固定效应	是	是	是
企业固定效应	是	是	是
产品—目的国固定效应	否	否	是
R^2	0.0313	0.0069	0.0120
样本量	136056	102109	2852110

① 删除低于 1 百分位、高于 99 百分位样本的回归结果同样与本章主要研究结论保持一致。

（6）加入企业控制变量与高维固定效应。为每个处理组出口企业选择在同一时间最有可能受到产能调控政策影响的出口企业作为对照组时，Logit 模型中既包括行业层面也包括企业层面协变量，因此式（5-1）中没有加入企业层面控制变量。为了考察对照组选取的效率高低，此处在式（5-1）中加入影响出口产品质量的企业层面变量（主要包括企业生产率、政府补贴、资本密集度、企业规模、融资约束、企业税负、企业年龄等）并重新回归，其结果如表5-7中第（1）列所示。我们发现，核心解释变量系数大小、显著性均与基准回归结果十分接近，表明对照组的选取是合理的。

表 5-7 　　　　　　　　　　　稳健性检验（四）

变量	加入企业层面控制变量	年份、行业、省份 FE	行业×年份高维固定效应	省份×年份高维固定效应	样本自选择
	(1)	(2)	(3)	(4)	(5)
$treat \times post$	0.0269 ***	0.0255 ***	0.0255 ***	0.0179 **	0.0380 ***
	(0.0091)	(0.0094)	(0.0094)	(0.0091)	(0.0111)
$invmillsss$					-0.0048
					(0.0057)
$Constant$	-0.4154	0.2535 ***	0.5012 ***	-69.7003	0.2734 ***
	(0.6311)	(0.0329)	(0.0352)	(239.1518)	(0.0133)
年份固定效应	是	是	是	是	是
企业固定效应	是	否	是	是	是
行业固定效应	否	是	否	否	否
省份固定效应	否	是	否	否	否
行业×年份固定效应	否	否	是	否	否
省份×年份固定效应	否	否	否	是	否
R^2	0.0410	0.0403	0.0387	0.0510	0.0260
样本量	131762	136055	136056	136055	121884

前文均采用控制企业与年份固定效应的模型设定方式，然而处理组与对照组企业可能存在行业、地区层面的差异，因此这里在年份、行业、省份固定效应设定下对式（5-1）进行重新估计，结果如表5-7中第（2）

列所示。第（2）列结果表明结论依然稳健。另外，还存在遗漏随时间变化的行业、地区层面变量的可能，故在式（5-1）的基础上，分别加入行业×年份、省份×年份高维固定效应，以控制行业、地区层面发展趋势的差异可能导致的估计偏误，结果如第（3）、第（4）列所示。依据表 5-7 中第（3）、第（4）列，在控制行业×年份、省份×年份高维固定效应之后，$treat \times post$ 系数仍显著为正，即产能调控政策显著提升了处理组企业的出口产品质量。

（7）考虑样本选择问题。鉴于数据可得性与本章的研究主题，以出口企业为样本。但产能调控政策对产品质量的影响是可以基于涵盖出口与非出口企业的样本来进行考察的，这便产生了企业是否参与出口的样本选择问题，从而可能带来有偏估计。与大多数文献做法一样，使用 Heckman 两步法修正样本选择偏误问题（Heckman，1979）。第一步，构建出口选择方程，即以企业出口倾向为因变量（企业出口额大于 0 取值为 1；否则为 0），加入上期出口虚拟变量作为控制变量。与式（5-1）不同的是，出口选择方程是基于工业企业数据进行回归的。第二步，构建修正的出口质量模型，即由第一步得到逆米尔斯比率（$invmillsss$），并将其加入（5-1）作为控制变量，以消除样本选择偏误问题。从表 5-7 中第（5）列可知，$invmillsss$ 的回归系数为负但不显著，表明接受不存在样本选择偏误的原假设，即存在样本自选择的可能性较低；$treat \times post$ 的估计系数显著为正，再次验证了本章主要结论的稳健性。

5.5　进一步分析

5.5.1　机制检验

前文较为细致地分析了产能调控政策对企业出口产品质量的影响，发现产能调控政策显著提升了企业出口产品质量。那么产能调控政策如何影响企业出口产品质量？根据前文的理论机制分析，产能调控政策通过内源融资能力、创新水平与企业资源错配程度对企业出口产品质量产生作用，下面对这三条机制的存在性进行验证。参照既有文献的做法，在验证核心解释变量对因变量的作用机制时，首先验证核心解释变量对中间变量的作用；其次引入核心解释变量与中间变量的交互项以验证其作用机制（马述忠和张洪胜，2017；邵朝对和苏丹妮，2019）。因此，第一步检验产能调控政策能否提高企业内源融资能力、创新水平以及降低企业资源错配程度，并将检验模型设定为：

$$finance\_in_{ijt} = \delta_1 + \gamma_1\, treat_{ij} \times post_{ijt} + \varepsilon_t + \varepsilon_i + \mu_{ijt} \quad (5-4)$$

$$rd_{ijt} = \delta_2 + \gamma_2\, treat_{ij} \times post_{ijt} + \varepsilon_t + \varepsilon_i + \mu_{ijt} \quad (5-5)$$

$$miss_{ijt} = \delta_3 + \gamma_3\, treat_{ij} \times post_{ijt} + \varepsilon_t + \varepsilon_i + \mu_{ijt} \quad (5-6)$$

其中，$finance\_in_{ijt}$ 表示企业内源融资能力。依据邵敏和包群（2011）、葛顺奇和罗伟（2013）、钱尼（2016）等，企业盈利水平提升将会增加现金流量，进而增强其内源融资能力，因此本章使用企业利润率衡量企业内源融资能力。rd_{ijt} 表示企业创新水平，用工业企业数据库中新产品产值衡量[1]。$miss_{ijt}$ 表示企业资源错配程度。借鉴祝树金和赵玉龙（2017）、王文和牛泽东（2019）的做法，$miss_{ijt} = (1 + \tau_{Ksi})^{\alpha_s}(1 + \tau_{Lsi})^{1-\alpha_s}$，其值越大表明企业资源错配程度越严重，即资源配置效率越低。其中，τ_{Ksi}、τ_{Lsi} 分别为资本扭曲和劳动扭曲；α_s、$(1 - \alpha_s)$ 分别为行业 s 的资本与劳动产出弹性。

在此基础上，第二步设定如下计量模型检验产能调控政策通过内源融资能力、创新水平与企业资源错配程度对企业出口产品质量产生作用：

$$quality_{ijt} = \alpha_1 + \beta_1\, treat_{ij} \times post_{ijt} \times finance\_in_{ijt} + \eta_1\, treat_{ij} \times post_{ijt} +$$
$$\theta_1\, treat_{ij} \times finance\_in_{ijt} + \lambda_1\, post_{ijt} \times finance\_in_{ijt} +$$
$$\rho_1\, finance\_in_{ijt} + \varepsilon_t + \varepsilon_i + \mu_{ijt} \quad (5-7)$$

$$quality_{ijt} = \alpha_2 + \beta_2\, treat_{ij} \times post_{ijt} \times rd_{ijt} + \eta_2\, treat_{ij} \times post_{ijt} + \theta_2\, treat_{ij} \times$$
$$rd_{ijt} + \lambda_2\, post_{ijt} \times rd_{ijt} + \rho_2\, rd_{ijt} + \varepsilon_t + \varepsilon_i + \mu_{ijt} \quad (5-8)$$

$$quality_{ijt} = \alpha_3 + \beta_3\, treat_{ij} \times post_{ijt} \times miss_{ijt} + \eta_3\, treat_{ij} \times post_{ijt} + \theta_3\, treat_{ij} \times$$
$$miss_{ijt} + \lambda_3\, post_{ijt} \times miss_{ijt} + \rho_3\, miss_{ijt} + \varepsilon_t + \varepsilon_i + \mu_{ijt} \quad (5-9)$$

其中，$treat \times post \times finance\_in$、$treat \times post \times rd$、$treat \times post \times miss$ 分别表示产能调控政策变量与内源融资能力、创新水平、企业资源错配程度的交互项，是本小节关注的核心解释变量。如果 $treat \times post \times finance\_in$ 与 $treat \times$

---

[1] 由于新产品产值数据在 2004 年、2008 年存在缺失，此处使用插值法补齐。

$post \times rd$ 的回归系数显著为正，则意味着产能调控政策通过提高内源融资能力与创新水平实现企业出口产品质量升级；如果 $treat \times post \times miss$ 的回归系数显著为负，则表明产能调控政策通过降低资源错配程度实现出口产品质量升级。

表 5 – 8 中第（1）、第（3）列与第（5）列汇报了产能调控政策与内源融资能力、创新水平、企业资源错配程度的检验结果。从表中可知，产能调控政策对内源融资能力与创新水平的估计系数显著为正，说明政策冲击能够提高企业内源融资能力与创新水平；产能调控政策对资源错配程度的估计系数显著为负，说明政策冲击将会降低企业资源错配程度，即提高企业资源配置效率，优化要素配置结构。既然如此，那产能调控政策能否通过影响内源融资能力、创新水平、企业资源错配程度进而提升企业出口产品质量？表 5 – 8 第（2）、第（4）列与第（6）列呈现了第二步的检验结果。可以发现，与预期一致，产能调控政策变量与内源融资能力、创新水平交互项的回归系数显著为正，这说明政策冲击通过提高内源融资能力与创新水平实现企业出口产品质量升级。有趣的是，第（2）、第（4）列中 $treat \times post$ 的回归系数均小于基准回归结果，这进一步表明内源融资能力与创新水平是产能调控政策提升企业出口产品质量的重要途径。第（6）列结果显示，政策变量与资源错配程度交互项的回归系数显著为负，意味着产能调控政策通过降低资源错配程度实现出口产品质量升级。类似地，$treat \times post$ 的回归系数大于基准回归结果，进一步验证了资源错配程度是产能调控政策提升企业出口产品质量的重要途径。

表 5 – 8　　　产能调控政策影响企业出口产品质量的机制检验结果

变量	内源融资能力	企业出口产品质量	创新水平	企业出口产品质量	企业资源错配程度	企业出口产品质量
	（1）	（2）	（3）	（4）	（5）	（6）
$treat \times post$	0.0029 * (0.0016)	0.0220 ** (0.0092)	0.1766 *** (0.0369)	0.0175 ** (0.0083)	– 0.3074 *** (0.0786)	0.0319 *** (0.0093)
$treat \times post \times finance\_in$		0.1506 ** (0.0739)				

续表

变量	内源融资能力	企业出口产品质量	创新水平	企业出口产品质量	企业资源错配程度	企业出口产品质量
	(1)	(2)	(3)	(4)	(5)	(6)
$treat \times post \times rd$				0.0072 *** (0.0022)		
$treat \times post \times miss$						-0.0020 ** (0.0009)
$finance\_in$		0.1166 *** (0.0424)				
rd				0.0031 ** (0.0014)		
$miss$						-0.0005 (0.0005)
$Constant$	-0.2650 *** (0.0097)	0.3968 *** (0.0148)	0.9036 *** (0.0364)	0.4019 *** (0.0093)	7.8628 *** (0.0829)	-1.9944 *** (0.0451)
年份固定效应	是	是	是	是	是	是
企业固定效应	是	是	是	是	是	是
R^2	0.0256	0.0387	0.0231	0.0387	0.0018	0.2292
样本量	135506	135177	134490	133582	133183	133183

5.5.2 异质性影响分析

上述分析中主要是从总体层面考察产能调控政策对企业出口产品质量的影响，但这种影响可能在不同类型企业、地区以及行业中存在差异。因此本小节将从企业所有制、出口产品多样性、贸易方式、地区金融市场化程度、市场整合程度以及行业资源错配程度等多个维度，进一步考察产能调控政策对企业出口产品质量的异质性影响。

（1）企业所有制属性差异。虽然国有企业产能调控政策实施过程中具有一定的遵从性，但也可能因为享受补贴、低息贷款等便利条件而缓解其市场竞争压力和生存压力，降低进行资源重组以提质增效的动机与敏感程度，可能会导致产能调控政策对企业出口产品质量的促进作用不明显。与之不同的是，非国有企业在资金、技术保障等方面较为缺乏，加之不断增强的市场竞争压力和生存压力，面对产能调控政策时不得不进行资源重组，降低企业资源错配程度，提高企业盈利能力与创新水平，进而提升企业出口产品质量。

为了探究这一问题，将企业划分为国有与非国有两大类进行分析，以期检验不同所有制企业面对产能调控政策的反应是否存在显著差异，两类企业的划分标准是国家资本金与集体资本金之和占实收资本比重是否大于0.5（王贵东，2017；余静文，2018）。表 5 - 9 中第（1）、第（2）列汇报结果显示：在国有企业样本中，$treat \times post$ 系数不显著；而在非国有企业样本中，$treat \times post$ 系数显著为正。这表明产能调控政策没有促进国有企业出口产品质量提升，而对非国有企业的提升效应较为明显。

（2）是否单产品企业异质性。参考陆毅等（2013）的研究，将仅出口一种产品的企业界定为单产品企业，出口多种产品的企业界定为多产品企业。单产品企业虽然专业化程度较高，但其掌握的技能范围较为有限，且一般而言规模较小，拥有的资源种类、数量均少于多产品企业（李波和蒋殿春，2019；高新月和鲍晓华，2020）。在产能调控政策干预下，单产品企业进行资源重组的能力有限，可能导致出口产品质量提升效应不明显。此外，单产品企业高度专业化带来较高的初始产品质量，在此基础上进一步提高出口产品质量的难度较大、空间较小。然而，多产品企业一般规模较大，拥有较多层次、种类或数量的劳动力、资本等，且每种产品的出口产品质量水平参差不齐，较易实现资源重组、提高资源配置效率，改善企业盈利能力、增加创新投入，进而提升出口产品质量。

为了对此进行检验，分别基于单产品、多产品企业样本重新估计式（5 - 1），估计结果如表 5 - 9 中第（3）、第（4）列所示。与预期一致，$treat \times post$ 的估计系数在单产品企业样本中为正但不显著，说明产能调控政策并没有促使单产品企业出口产品质量显著提升；$treat \times post$ 的估计系数在多产品企业样本中显著为正，说明产能调控政策确实能够提高其出口产品质量。

（3）企业贸易方式的异质性分析。借鉴刘青和丘东晓（2016）的做法，将加工贸易出口额占比高于50%的企业界定为加工贸易企业；其他企

表5-9　产能调控政策对企业出口产品质量的影响：分组回归结果（一）

变量	企业出口产品质量					
	国有企业	非国有企业	单产品企业	多产品企业	一般贸易企业	加工贸易企业
	(1)	(2)	(3)	(4)	(5)	(6)
$treat \times post$	-0.0126	0.0248***	0.0175	0.0289***	0.0356***	-0.0131
	(0.0619)	(0.0092)	(0.0274)	(0.0098)	(0.0103)	(0.0197)
$Constant$	0.5116***	0.3925***	0.3043***	0.4287***	0.3146***	0.4766***
	(0.0539)	(0.0156)	(0.0395)	(0.0162)	(0.0227)	(0.0192)
年份固定效应	是	是	是	是	是	是
企业固定效应	是	是	是	是	是	是
R^2	0.0370	0.0375	0.0205	0.0458	0.0283	0.0571
样本量	10248	125808	25948	110108	92869	43187

业为一般贸易企业。加工贸易企业具有"两头在外"特性，即主要从国外进口原材料与中间品，经过组装、加工后再出口；加之采用订单模式，进口方对要素投入、产品规格等都有较为明确要求，这在很大程度上限制了企业资源重组能力，阻碍了企业资源配置效率的提高，且加工贸易企业自行进行研发创新的激励相对较小，可能导致产能调控政策的出口产品质量提升效应不突出。表5-9中第（5）、第（6）列报告了产能调控政策实施对不同贸易方式企业出口产品质量的影响，在一般贸易企业中 $treat \times post$ 的回归系数显著为正，而在加工贸易企业中 $treat \times post$ 的回归系数不显著。这说明产能调控政策显著提高了一般贸易企业的出口产品质量，而对加工贸易企业没有显著影响。

（4）地区金融市场化程度的异质性。考虑到中国各地区金融市场化发展不平衡的特征，产能调控政策对不同金融市场化程度地区企业出口产品质量的影响可能存在显著差异。采用樊纲等（2010）公布的各省份"金融业的市场化"指数测度地区金融市场化程度，该指数越大表明地区金融市场化程度越高。基于此，将样本根据"金融业的市场化"指数的中位数划分为高、低金融市场化地区，并进行分样本回归，结果如表5-10中第（1）、第（2）列所示。回归结果显示，产能调控政策对高金融市场化地区企业出口产品质量具有显著的促进作用，而对低金融市场化地区具有负向作用但不显著。产生这一结果的可能原因在于，在金融市场化程度较高的地区，市场竞争机制在信贷资金配给过程中发挥着决定性作用，有助于资金从低使用效率企业流向高使用效率企业，为企业提供较为稳定的外源融资渠道，助力产能调控政策引导的企业资源优化配置（Almeida and Wolfenzon，2005；李青原等，2010；戴伟和张雪芳，2017），进而促进企业出口产品质量提升。

表 5 - 10　产能调控政策对企业出口产品质量的影响：分组回归结果（二）

变量	企业出口产品质量					
	高金融市场化程度	低金融市场化程度	高市场整合程度	低市场整合程度	高资源错配程度	低资源错配程度
	（1）	（2）	（3）	（4）	（5）	（6）
treat × post	0.0416 ***	-0.0013	0.0367 ***	0.0162	0.0434 ***	-0.0109
	(0.0098)	(0.0182)	(0.0104)	(0.0157)	(0.0139)	(0.0121)
Constant	0.1600 ***	0.4482 ***	0.1183 ***	0.4851 ***	0.4844 ***	0.3217 ***
	(0.0291)	(0.0151)	(0.0210)	(0.0164)	(0.0266)	(0.0191)
年份固定效应	是	是	是	是	是	是
企业固定效应	是	是	是	是	是	是
R^2	0.0123	0.0391	0.0205	0.0423	0.0277	0.0441
样本量	77421	58635	67117	68939	68114	67942

（5）地区市场整合程度的异质性。理论上讲，对市场整合程度更高的地区企业，产能调控政策实施后其出口产品质量提升效应应该更明显。本小节基于樊纲等（2010）公布的各省份要素市场发育程度与产品市场发育程度两项指标，通过加权平均构建地区市场整合指标，其值越大则市场分割程度越低。其中，要素市场发育程度与产品市场发育程度的权重分别为 0.242 与 0.148（林毅夫和刘培林，2004；徐保昌和谢建国，2016）。进一步地，将样本根据地区市场整合指数的中位数划分为高、低市场整合地区，并进行分样本回归，结果如表 5 - 10 中第（3）、第（4）列所示。回归结果显示，产能调控政策对高市场整合地区企业出口产品质量具有显著的促进作用，而对低市场整合地区具有正向作用但不显著。可能原因在于，在市场整合程度较高、市场分割程度较低的地区，

各类生产要素能够自由流动，生产资源能够较为顺畅地从低效企业流向高效企业，要素配置效率较高，有助于推动企业进行资源重组与技术创新（郑毓盛和李崇高，2003；盛斌和赵文涛，2020），进而提升企业出口产品质量。

（6）行业资源错配程度的异质性。对于资源错配程度较高的行业企业，产能调控政策实施后其进行资源重组的空间更大，导致出口产品质量提升效应更为明显。因此，本章将样本根据行业资源错配程度的中位数划分为高、低资源错配行业，并进行分样本回归，结果如表 5 - 10 中第（5）、第（6）列所示。回归结果显示，产能调控政策对高资源错配行业企业出口产品质量具有显著的促进作用，而对低资源错配行业具有负向作用但不显著。

5.6　本章小结

产能过剩被认为是"实体经济领域中的泡沫"，会造成资源闲置和效率低下，阻碍经济高质量发展。为此，政府频繁出台各种产能调控措施以化解产能过剩矛盾、减轻其不利影响。出口产品质量是企业维持出口竞争力的有力支撑，同时也是保持出口贸易可持续增长的关键。有鉴于此，基于2000~2008年中国工业企业数据与中国海关数据的匹配样本，利用双重差分方法从出口产品质量视角探究产能调控政策的作用效果。结果发现，产能调控政策显著提升了企业出口产品质量，但作用效果存在一定时滞性；经过平行趋势、预期效应、安慰剂等有效性检验，以及改变对照组选取方法、两期估计、替换因变量等稳健性检验之后，主要结论仍然成立。作用机制检验表明，产能调控政策通过内源融资能力、创新水平与企业资源错配程度对企业出口产品质量产生作用，但其并没有优化信贷资源配置。异质性分析发现，产能调控政策的出口产品质量提升效应主要体现在非国有性质、多产品与一般贸易企业，以及高金融市场化、高市场整合程度地区和高资源错配程度行业。

第6章　主要结论与政策启示

结合产能过剩相关理论与异质性企业贸易理论，利用中国工业企业数据与海关数据，考察产能过剩形成的根源及其对企业出口行为的影响，并得到了较为丰富的结论。本章旨在总结前文结论，并据此提出切实可行的政策建议。

6.1　主要结论

从理论与经验分析中可以得出一些有意义的结论。

（1）关于中国产能利用率的演变、特征与分解：①从总体上看，中国工业产能利用率呈现缓慢上升趋势，但总体水平不高，且其变化历程并不具有明显的顺周期性。②从行业差别来看，采矿业和公共事业两大部门的产能利用率较低，重工业低于轻工业；相比于政府认定的过剩行业，尚有部分四位码行业产能利用率水平更低；增速较快的行业主要是工业基础性行业与机械行业。从地区差异来看，内陆地区产能利用率低于沿海；产能利用率快速增长的省市并不完全表现出平均产能利用率偏低的特征。从企业差异来看，企业产能利用率分布呈现右偏态特征，即高产能利用率的企业数量较少；国有企业始终低于非国有企业；大规模企业平均产能利用率始终低于小规模企业。③从分解结果看，产能利用率提升主要依赖于企业自身水平提高，且这种依赖性仍在增加；产能利用率较低的（存活）企业占据了较多生产要素，且企业间资源配置环境仍在进一步恶化；新进入市场的往往是产能利用率较高的企业，但新进入企业的拉动作用呈下降态势；退出企业的产能利用率总体上高于存活企业平均产能利用率，导致"逆淘汰"

现象，市场退出机制存在扭曲；企业进入退出行为总体上提升了产能利用率，并没有导致产能过剩固化问题，但企业进入退出行为对总量产能利用率的提升作用大幅弱化；资源再配置总效应的贡献率为负，这主要是由存活企业间资源错配导致的，且负向作用呈现增大趋势；中国工业产能利用率增长的来源结构在不同时期、行业、地区以及企业等多个维度存在差异。

（2）关于行业产能过剩与正常企业出口：①产能过剩显著降低了行业内正常企业的出口倾向和出口规模。②行业产能过剩对正常企业出口的抑制作用在采用产能过剩指标再度量、变换回归样本、设定不同固定效应模型、工具变量法与构造准自然实验后依旧稳健。③对作用机制的检验结果显示，行业产能过剩主要通过融资约束效应与技术钳制效应抑制了正常企业出口倾向和出口规模。④进一步的拓展分析表明，当期行业产能过剩对正常企业出口价格、数量的影响均显著为负，滞后一期与滞后二期行业产能过剩对正常企业出口价格为负、对出口数量为正，这意味着正常企业会长期性地采取"低价跑量"的出口竞争模式。⑤调节机制表明，行业 FDI 开放和地区金融市场化有助于缓对冲行业产能过剩对正常企业的出口抑制效应。

（3）关于产能调控政策与企业出口产品质量：①产能调控政策的实施显著提升了企业出口产品质量，即相对于未受产能调控政策影响的出口企业而言，受到政策冲击企业的出口产品质量上升更明显，但政策的出口产品质量提升效应存在一定时滞性。②产能调控政策对企业出口产品质量的提升效应在进行 DID 有效性检验、改变对照组选取方法、删除离群值、替换因变量、考虑样本选择问题等之后依旧稳健。③对作用机制的检验结果显示，产能调控政策主要通过提高企业内源融资能力与创新水平、降低企业资源错配程度提升出口产品质量，且产能调控政策并没有优化信贷资源配置。④异质性分析结果表明，产能调控政策产生的质量升级效应主要集中在非国有、多产品和一般贸易企业，以及高金融市场化、高市场整合程度地区和高资源错配程度行业。

6.2　政策启示

基于上述结论，政策启示如下。

（1）构建自下而上的产能利用率统计监测体系。可靠的产能利用率数据是有效治理产能过剩问题的关键，而中国目前缺乏一套涵盖工业整体、行业、地区以及企业产能利用率的统计监测体系，由此带来的信息不对称会影响企业市场预期，从而不利于企业做出科学的投资与生产决策，同时也会影响政府政策制定与执行效果。

（2）制定产能调控政策时应充分考虑行业、地区以及企业层面异质性。一方面，除政府认定的过剩行业外，还有部分四位码行业产能利用率水平更低，应该重视这类行业产能过剩问题的治理；各省份的产能利用率水平相差较大，各级地方政府在落实中央出台的有关政策时不应为了政绩而盲目去产能，需要在充分考虑本地产能过剩现状的基础上，制订与之相匹配的治理方案。另一方面，产能调控政策虽然对企业出口产品质量具有提升效应，但主要集中在非国有性质、多产品、一般贸易等类型企业，而对国有性质、单产品、加工贸易等类型企业的作用不显著。为此，政府不能实行"一刀切"模式，对于国有性质、单产品、加工贸易等类型企业，需要积极引导其重组企业资源，提升出口产品质量。

（3）亟须提高资源配置效率以培育产能利用率新的增长点，推动资源流动以畅通国内大循环。资源再配置总效应的贡献率为负值，这主要是由存活企业间资源错配与企业退出效应导致的，因此需要着重促进生产要素从低产能利用率企业流向高产能利用率企业，并疏通市场退出机制，倒逼落后产能退出市场，提高资源配置效率以提升产能利用率水平与行业供给能力，培育强大的国内市场，畅通国内大循环。

（4）坚持行业开放和金融市场化发展，鼓励企业技术创新。政府应着力营造行业公平竞争环境，其中行业开放除了对外资企业开放，更要对民营企业开放，尤其是在疫情冲击后，由于国内外市场需求都下降，产能过剩可能会加重，对内开放促进市场一体化发展，形成基于内需的对外开放，是对冲产能过剩负向作用的重要途径；在金融抑制背景下，正常企业面临较强的融资约束，并且由于银行等金融机构与中央政府的目标函数具有非一致性，以及获取信息的不对称性，导致产能调控政策中"有保有控"信贷政策不能提升企业外源融资能力，进而抑制企业出口行为。政府补贴和银行授信应着眼于企业层面，而不是行业整体层面，提高优质企业的识别能力，为优质企业出口活动提供资金支持。此外，技术创新是企业提升产品国际竞争力的关键，为突破行业产能过剩对正常企业的技术钳制效应，以及由"低价跑量"的出口竞争模式向"质量优势"转变，政府需要着力于构建关键技术攻关平台，推动基于产业链的产学研联合，以降低企业参与开放式创新的门槛，促进技术创新在产业链和价值链不同环节间溢出和传递。

附　录

附录 A　行业产能过剩对过剩企业出口行为的影响

第 4 章考察了产能过剩对正常企业出口行为的影响，本附录进一步以过剩企业为样本，实证分析行业产能过剩对过剩企业出口行为的影响，并对比这两类企业回归结果的差异，具体结果如表 A1 与表 A2 所示。表 A1 说明产能过剩显著降低了行业内过剩企业出口二元边际，这与正常企业的影响方向一致。从表 A2 中的 Fisher's Permutatio 检验结果可知，在出口选择方程中，行业产能过剩对过剩企业的负向作用更大，这与进入出口市场需要克服大量沉没成本有关；而在出口规模方程中，产能过剩对行业内正常企业的负向作用较大，这表明过剩企业对正常企业的挤占效应较为显著。

表 A1　　　　　　行业产能过剩对过剩企业出口行为的影响

变量	出口选择方程		出口规模方程	
	（1）	（2）	（3）	（4）
l. export_dummy	2. 6036 ***	2. 4993 ***		
	（0. 0344）	（0. 0376）		
su_industry	− 4. 4606 **	− 5. 3388 ***	− 1. 4143 ***	− 1. 3510 ***
	（1. 9912）	（1. 9851）	（0. 5100）	（0. 5175）
lntfp		− 0. 9382 ***		1. 0154 ***
		（0. 1803）		（0. 3682）
lnsize		0. 3610 ***		0. 4366 ***
		（0. 0293）		（0. 0458）
subsidy		0. 0965 ***		0. 0352 **
		（0. 0147）		（0. 0146）

续表

变量	出口选择方程		出口规模方程	
	（1）	（2）	（3）	（4）
ln*kl*		0.0773***		0.0376*
		(0.0067)		(0.0203)
tax		−3.8586***		−0.2260
		(0.3362)		(0.2801)
ln*age*		−0.0704***		0.0783***
		(0.0123)		(0.0208)
ln*awage*		0.1984***		0.1729***
		(0.0124)		(0.0129)
ln*agdp*		0.5114***		0.0820
		(0.1313)		(0.1439)
industry_hhi		1.2470		−0.2200
		(0.8529)		(0.4601)
Constant	−0.9845**	−6.7911***	9.2007***	3.9543***
	(0.4913)	(1.1330)	(0.1250)	(1.3939)
年份固定效应	是	是	是	是
行业固定效应	是	是	否	否
省份固定效应	是	是	否	否
企业固定效应	否	否	是	是
样本量	280962	257235	116504	107764

注：括号内数值为稳健标准误，*、**、***分别表示在10%、5%、1%的显著性水平；以下各表同。

表 A2　　　　　　　　两类企业回归结果的比较分析

变量	出口选择方程		出口规模方程	
	正常企业	产能过剩企业	正常企业	产能过剩企业
su_industry	−4.5737***	−5.3388***	−2.6232***	−1.3510***
	(1.5693)	(1.9851)	(0.3554)	(0.5175)
Fisher's Permutation test	0.7651 0.0000		−1.2722 0.0000	

附录 B　其他稳健性检验

表 B1　　　　　　　　　　其他稳健性检验（一）

变量	0.79 判断标准		第 25 分位数为 判断标准		剔除企业自身的 行业产能过剩	
	（1）	（2）	（3）	（4）	（5）	（6）
l. export_dummy	2. 3682 *** （0. 0324）		2. 4069 *** （0. 0282）		2. 3862 *** （0. 0310）	
su_industry	− 4. 3877 *** （1. 5427）	− 2. 9443 *** （0. 4419）	− 4. 9044 *** （1. 7251）	− 2. 6611 *** （0. 3191）		
su_industry_omit					− 5. 3052 *** （1. 8526）	− 2. 7330 *** （0. 4315）
lntfp	− 0. 9678 *** （0. 2265）	0. 6035 *** （0. 2322）	− 0. 9322 *** （0. 2247）	0. 9532 *** （0. 1728）	− 0. 9766 *** （0. 2288）	0. 8897 *** （0. 1883）
lnsize	0. 3855 *** （0. 0311）	0. 4807 *** （0. 0364）	0. 3787 *** （0. 0316）	0. 5153 *** （0. 0266）	0. 3892 *** （0. 0319）	0. 4952 *** （0. 0292）
subsidy	0. 1530 *** （0. 0134）	0. 0480 *** （0. 0104）	0. 1391 *** （0. 0130）	0. 0460 *** （0. 0078）	0. 1503 *** （0. 0127）	0. 0475 *** （0. 0085）
lnkl	0. 0490 *** （0. 0148）	0. 0963 *** （0. 0166）	0. 0551 *** （0. 0137）	0. 0973 *** （0. 0122）	0. 0559 *** （0. 0158）	0. 0923 *** （0. 0133）
tax	− 3. 9946 *** （0. 3821）	− 1. 7483 *** （0. 1630）	− 3. 9425 *** （0. 3517）	− 2. 1781 *** （0. 1223）	− 3. 9466 *** （0. 3666）	− 2. 0009 *** （0. 1336）
lnage	− 0. 0633 *** （0. 0112）	0. 0588 *** （0. 0171）	− 0. 0611 *** （0. 0113）	0. 0506 *** （0. 0118）	− 0. 0608 *** （0. 0113）	0. 0522 *** （0. 0129）
lnawage	0. 1658 *** （0. 0174）	0. 1757 *** （0. 0107）	0. 1797 *** （0. 0165）	0. 2056 *** （0. 0079）	0. 1749 *** （0. 0170）	0. 1969 *** （0. 0085）
lnagdp	− 0. 9408 *** （0. 1661）	0. 0617 （0. 1186）	− 0. 4556 *** （0. 1069）	0. 2169 ** （0. 0845）	− 0. 6455 *** （0. 1319）	0. 1895 ** （0. 0927）
industry_hhi	1. 1181 （0. 7038）	− 1. 5904 ** （0. 6799）	1. 0817 （0. 6882）	− 0. 9807 ** （0. 4094）	1. 2940 * （0. 7585）	− 0. 9049 * （0. 5136）

续表

变量	0.79 判断标准		第 25 分位数为判断标准		剔除企业自身的行业产能过剩	
	(1)	(2)	(3)	(4)	(5)	(6)
Constant	8. 1065 ***	5. 5461 ***	3. 1861 ***	3. 0086 ***	5. 4362 ***	3. 6794 ***
	(1. 7568)	(1. 1271)	(1. 1927)	(0. 8036)	(1. 5122)	(0. 8872)
年份固定效应	是	是	是	是	是	是
行业固定效应	是	否	是	否	是	否
省份固定效应	是	否	是	否	是	否
企业固定效应	否	是	否	是	否	是
样本量	356085	150643	604588	246437	499705	212344

注: *su_industry_omit* 表示剔除企业自身的行业产能过剩。

表 B2 其他稳健性检验（二）

变量	简单平均		固定资产净值加权平均		产能过剩企业资产份额	
	(1)	(2)	(3)	(4)	(5)	(6)
l. export_dummy	2. 3863 ***		2. 3923 ***		2. 3938 ***	
	(0. 0310)		(0. 0309)		(0. 0309)	
su_industry_mean	− 5. 2914 ***	− 3. 0479 ***				
	(1. 8617)	(0. 4333)				
su_industry_asset			− 2. 9403 **	− 1. 5318 ***		
			(1. 3238)	(0. 3317)		
su _rate_asset					− 0. 4309 **	− 0. 2758 ***
					(0. 1883)	(0. 0564)
ln*tfp*	− 0. 9803 ***	0. 8857 ***	− 0. 9753 ***	0. 9086 ***	− 0. 9645 ***	0. 9186 ***
	(0. 2291)	(0. 1883)	(0. 2285)	(0. 1882)	(0. 2264)	(0. 1882)
ln*size*	0. 3897 ***	0. 4953 ***	0. 3841 ***	0. 4929 ***	0. 3822 ***	0. 4913 ***
	(0. 0319)	(0. 0292)	(0. 0314)	(0. 0292)	(0. 0310)	(0. 0292)
subsidy	0. 1502 ***	0. 0474 ***	0. 1494 ***	0. 0475 ***	0. 1488 ***	0. 0477 ***
	(0. 0127)	(0. 0084)	(0. 0129)	(0. 0085)	(0. 0129)	(0. 0085)
ln*kl*	0. 0563 ***	0. 0924 ***	0. 0506 ***	0. 0911 ***	0. 0485 ***	0. 0908 ***
	(0. 0158)	(0. 0133)	(0. 0168)	(0. 0133)	(0. 0168)	(0. 0133)

续表

变量	简单平均		固定资产净值加权平均		产能过剩企业资产份额	
	（1）	（2）	（3）	（4）	（5）	（6）
tax	− 3. 9440 ***	− 1. 9992 ***	− 4. 0065 ***	− 2. 0076 ***	− 4. 0228 ***	− 2. 0035 ***
	(0. 3669)	(0. 1336)	(0. 3649)	(0. 1337)	(0. 3669)	(0. 1336)
lnage	− 0. 0608 ***	0. 0522 ***	− 0. 0600 ***	0. 0524 ***	− 0. 0598 ***	0. 0524 ***
	(0. 0113)	(0. 0129)	(0. 0115)	(0. 0129)	(0. 0115)	(0. 0129)
lnawage	0. 1748 ***	0. 1967 ***	0. 1778 ***	0. 1970 ***	0. 1773 ***	0. 1972 ***
	(0. 0169)	(0. 0085)	(0. 0177)	(0. 0086)	(0. 0176)	(0. 0086)
lnagdp	− 0. 6458 ***	0. 1882 **	− 0. 6280 ***	0. 1926 **	− 0. 6299 ***	0. 1893 **
	(0. 1319)	(0. 0927)	(0. 1316)	(0. 0927)	(0. 1301)	(0. 0927)
industry_hhi	1. 0641	− 0. 9790 **	1. 0603	− 1. 0429 **	1. 0960	− 1. 1077 **
	(0. 6701)	(0. 4979)	(0. 6871)	(0. 4896)	(0. 7966)	(0. 5335)
Constant	5. 4364 ***	3. 7805 ***	4. 7162 ***	3. 3697 ***	4. 1478 ***	3. 1281 ***
	(1. 5147)	(0. 8871)	(1. 4500)	(0. 8845)	(1. 2962)	(0. 8775)
年份固定效应	是	是	是	是	是	是
行业固定效应	是	否	是	否	是	否
省份固定效应	是	否	是	否	是	否
企业固定效应	否	是	否	是	否	是
样本量	499709	212345	499709	212345	499654	212331

注：su_industry_mean 表示通过简单平均得到的四位码行业层面的产能过剩程度；su_industry_asset 表示通过以固定资产净值为权重的加权平均得到的四位码行业层面的产能过剩程度；su_rate_asset 表示产能过剩企业资产份额衡量的行业产能过剩程度。

附录C　"有保有控"信贷政策的有效性分析

为了检验产能调控政策中"有保有控"信贷政策能否提高企业外源融资能力进而提升企业出口产品质量，将企业利息支出除以固定资产得到外源融资能力（其值越大，意味着企业从银行等金融机构借款能力越强），并以此作为被解释变量而进行回归，具体回归结果如表C所示。从第（1）列中可以看出，*treat × post* 的回归系数不显著，即"有保有控"的信贷政策对企业外源融资能力没有产生显著影响。进一步地，按照企业生产率的中位数将全样本划分成高、低生产率企业两个子样本，以考察政策冲击对信贷资源配置的影响。从第（2）、第（3）列中可知，*treat × post* 的回归系数在高生产率样本中为正但不显著、在低生产率样本中为负但不显著，表明这一政策冲击并没有促进信贷资源从低效率企业流向高效率企业，即"有保有控"信贷政策的有效性尚未显现。

表 C　　　　　　"有保有控"信贷政策有效性的检验结果

变量	因变量：利息支出/固定资产		
	全样本	高生产率	低生产率
	（1）	（2）	（3）
treat × post	−0.0104	0.0049	−0.0193
	(0.0117)	(0.0154)	(0.0210)
Constant	0.0755 ***	0.0745 ***	0.0638 ***
	(0.0134)	(0.0103)	(0.0223)
年份固定效应	是	是	是
企业固定效应	是	是	是
R^2	0.0002	0.0004	0.0002
样本量	136182	68140	68042

参 考 文 献

[1] 爱德华·张伯仑. 垄断竞争理论 [M]. 周文译. 北京：华夏出版社，2009.

[2] 敖洁，于金柳，阳立高，李风琦，谭希梓. 人口老龄化会影响企业出口产品质量吗？[J]. 财经理论与实践，2019，40（04）：123-129.

[3] 白东北，张菅菅，王珏. 产业集聚与中国企业出口：基于创新要素流动视角 [J]. 国际贸易问题，2021（02）：63-79.

[4] 白让让. 竞争驱动、政策干预与产能扩张——兼论"潮涌现象"的微观机制 [J]. 经济研究，2016，51（11）：56-69.

[5] 鲍晓华，陈清萍. 反倾销如何影响了下游企业出口？——基于中国企业微观数据的实证研究 [J]. 经济学（季刊），2019，18（02）：749-770.

[6] 步晓宁，郝尚卫，王倩. 资源配置效率与中国工业产能过剩治理 [J]. 经济与管理评论，2019，35（05）：30-42.

[7] 陈波，荆然. 金融危机、融资成本与我国出口贸易变动 [J]. 经济研究，2013，48（02）：30-41，160.

[8] 陈少凌，梁伟娟，刘天珏. 从过度投资到产能过剩：理论与经验证据 [J]. 产经评论，2021，12（01）：44-67.

[9] 陈雯，孙照吉. 劳动力成本与企业出口二元边际 [J]. 数量经济技术经济研究，2016，33（09）：22-39.

[10] 陈旭，邱斌，刘修岩. 空间集聚与企业出口：基于中国工业企业数据的经验研究 [J]. 世界经济，2016，39（08）：94-117.

[11] 陈艳莹，吴龙. 新企业进入对制造业在位企业利润率的影响——基于逃离竞争效应及其异质性的视角 [J]. 中国工业经济，2015（08）：

50 - 65.

[12] 陈勇兵, 陈宇媚, 周世民. 贸易成本、企业出口动态与出口增长的二元边际——基于中国出口企业微观数据: 2000—2005 [J]. 经济学 (季刊), 2012, 11 (04): 1477 - 1502.

[13] 陈勇兵, 王进宇, 潘夏梦. 对外反倾销与贸易转移: 来自中国的证据 [J]. 世界经济, 2020, 43 (09): 73 - 96.

[14] 陈阵, 隋岩. 贸易成本如何影响中国出口增长的二元边际——多产品企业视角的实证分析 [J]. 世界经济研究, 2013 (10): 43 - 48, 88.

[15] 程俊杰. 产能过剩的研究进展: 一个综述视角 [J]. 产业经济评论, 2017 (03): 70 - 82.

[16] 程俊杰. 基于产业政策视角的中国产能过剩发生机制研究——来自制造业的经验证据 [J]. 财经科学, 2016 (05): 52 - 62.

[17] 程锐, 马莉莉. 人力资本结构高级化与出口产品质量升级——基于跨国面板数据的实证分析 [J]. 国际经贸探索, 2019, 35 (04): 42 - 59.

[18] 戴美虹. 互联网技术与出口企业创新活动——基于企业内资源重置视角 [J]. 统计研究, 2019, 36 (11): 62 - 75.

[19] 戴觅, 余淼杰. 企业出口前研发投入、出口及生产率进步——来自中国制造业企业的证据 [J]. 经济学 (季刊), 2012, 11 (01): 211 - 230.

[20] 戴伟, 张雪芳. 金融发展、金融市场化与实体经济资本配置效率 [J]. 审计与经济研究, 2017, 32 (01): 117 - 127.

[21] 邓忠奇, 刘美麟, 庞瑞芝. 中国钢铁行业产能过剩程度测算及去产能政策有效性研究 [J]. 中国地质大学学报 (社会科学版), 2018, 18 (06): 131 - 142.

[22] 丁杰. 绿色信贷政策、信贷资源配置与企业策略性反应 [J]. 经济评论, 2019 (04): 62 - 75.

[23] 董敏杰, 梁泳梅, 张其仔. 中国工业产能利用率: 行业比较、地区差距及影响因素 [J]. 经济研究, 2015, 50 (01): 84 - 98.

[24] 段文奇, 徐邦栋, 刘晨阳. 贸易便利化与企业出口产品质量升级 [J]. 国际贸易问题, 2020 (12): 33 - 50.

[25] 樊纲, 王小鲁, 朱恒鹏. 中国市场化指数: 各地区市场化相对进程报告 2009 [M]. 北京: 经济科学出版社, 2010.

[26] 樊海潮，郭光远. 出口价格、出口质量与生产率间的关系：中国的证据 [J]. 世界经济，2015，38 (02)：58 – 85.

[27] 樊海潮，李亚波，张丽娜. 进口产品种类、质量与企业出口产品价格 [J]. 世界经济，2020，43 (05)：97 – 121.

[28] 范林凯，李晓萍，应珊珊. 渐进式改革背景下产能过剩的现实基础与形成机理 [J]. 中国工业经济，2015 (01)：19 – 31.

[29] 范林凯，吴万宗，余典范，苏婷. 中国工业产能利用率的测度、比较及动态演化——基于企业层面数据的经验研究 [J]. 管理世界，2019，35 (08)：84 – 96.

[30] 冯晓玲，马彪. 中国对外贸易成本对出口增长二元边际的影响研究 [J]. 国际经贸探索，2018，34 (02)：18 – 35.

[31] 符大海，唐宜红. 所有权结构、产业特征与企业出口决策：来自中国制造业企业的证据 [J]. 国际贸易问题，2013 (11)：24 – 33.

[32] 高晓娜，兰宜生. 产能过剩对出口产品质量的影响——来自微观企业数据的证据 [J]. 国际贸易问题，2016 (10)：50 – 61.

[33] 高新月，鲍晓华. 反倾销如何影响出口产品质量? [J]. 财经研究，2020，46 (02)：21 – 35.

[34] 葛顺奇，罗伟. 中国制造业企业对外直接投资和母公司竞争优势 [J]. 管理世界，2013 (06)：28 – 42.

[35] 郭克莎. 中国产业结构调整升级趋势与"十四五"时期政策思路 [J]. 中国工业经济，2019 (07)：24 – 41.

[36] 韩超，张伟广，冯展斌. 环境规制如何"去"资源错配——基于中国首次约束性污染控制的分析 [J]. 中国工业经济，2017 (04)：115 – 134.

[37] 韩国高，高铁梅，王立国，齐鹰飞，王晓姝. 中国制造业产能过剩的测度、波动及成因研究 [J]. 经济研究，2011，46 (12)：18 – 31.

[38] 韩国高，王立国. 行业投资增长过快现象会因过剩产能的存在趋缓吗? ——基于1999~2010 年我国产能过剩行业数据的分析 [J]. 投资研究，2013，32 (08)：65 – 76.

[39] 何兴强，欧燕，史卫，刘阳. FDI 技术溢出与中国吸收能力门槛研究 [J]. 世界经济，2014，37 (10)：52 – 76.

[40] 贺京同，何蕾. 国有企业扩张、信贷扭曲与产能过剩——基于行

业面板数据的实证研究 [J]. 当代经济科学, 2016, 38 (01): 58 - 67, 126.

[41] 胡筱沽, 戴璐. 正确把握去产能过程中的几个关键问题 [J]. 宏观经济管理, 2017 (02): 50 - 54.

[42] 黄健柏. 产能过剩的发展趋势和治理对策研究 [M]. 北京: 经济科学出版社, 2017.

[43] 黄玖立, 冯志艳. 用地成本对企业出口行为的影响及其作用机制 [J]. 中国工业经济, 2017 (09): 100 - 118.

[44] 黄群慧. 论中国工业的供给侧结构性改革 [J]. 中国工业经济, 2016 (09): 5 - 23.

[45] 黄秀路, 葛鹏飞, 武宵旭. 中国工业产能利用率的地区行业交叉特征与差异分解 [J]. 数量经济技术经济研究, 2018, 35 (09): 60 - 77.

[46] 纪志宏, 周黎安, 王鹏, 赵鹰妍. 地方官员晋升激励与银行信贷——来自中国城市商业银行的经验证据 [J]. 金融研究, 2014 (01): 1 - 15.

[47] 贾润崧, 胡秋阳. 市场集中、空间集聚与中国制造业产能利用率——基于微观企业数据的实证研究 [J]. 管理世界, 2016 (12): 25 - 35.

[48] 江飞涛, 耿强, 吕大国, 李晓萍. 地区竞争、体制扭曲与产能过剩的形成机理 [J]. 中国工业经济, 2012 (06): 44 - 56.

[49] 江飞涛, 李晓萍. 直接干预市场与限制竞争: 中国产业政策的取向与根本缺陷 [J]. 中国工业经济, 2010 (09): 26 - 36.

[50] 金祥荣, 李旭超, 鲁建坤. 僵尸企业的负外部性: 税负竞争与正常企业逃税 [J]. 经济研究, 2019, 54 (12): 70 - 85.

[51] 景光正, 李平. OFDI 是否提升了中国的出口产品质量 [J]. 国际贸易问题, 2016 (08): 131 - 142.

[52] 康志勇, 张宁, 汤学良, 刘馨. "减碳" 政策制约了中国企业出口吗 [J]. 中国工业经济, 2018 (09): 117 - 135.

[53] 康志勇. 要素市场扭曲对中国本土企业出口行为的影响——出口选择抑或出口数量 [J]. 世界经济研究, 2014 (06): 23 - 29, 87.

[54] 孔祥贞, 覃彬雍, 刘梓轩. 融资约束与中国制造业企业出口产品质量升级 [J]. 世界经济研究, 2020 (04): 17 - 29, 135.

[55] 兰健, 张洪胜. 集群商业信用与出口产品质量——来自中国企

业层面的证据 [J]. 国际贸易问题, 2019 (09): 12-25.

[56] 李波, 蒋殿春. 劳动保护与制造业生产率进步 [J]. 世界经济, 2019, 42 (11): 74-98.

[57] 李春顶. 中国出口企业是否存在"生产率悖论": 基于中国制造业企业数据的检验 [J]. 世界经济, 2010, 33 (07): 64-81.

[58] 李建萍, 辛大楞. 异质性企业多元出口与生产率关系视角下的贸易利益研究 [J]. 世界经济, 2019, 42 (09): 52-75.

[59] 李江涛. 产能过剩: 问题、理论及治理机制 [M]. 北京: 中国财政经济出版社, 2006.

[60] 李坤望, 蒋为, 宋立刚. 中国出口产品品质变动之谜: 基于市场进入的微观解释 [J]. 中国社会科学, 2014 (03): 80-103, 206.

[61] 李平, 卢霄. 外资自由化与中国制造业企业生产率 [J]. 南开经济研究, 2020 (04): 88-106.

[62] 李青原, 赵奇伟, 李江冰, 江春. 外商直接投资、金融发展与地区资本配置效率——来自省级工业行业数据的证据 [J]. 金融研究, 2010 (03): 80-97.

[63] 李瑞琴, 王汀汀, 胡翠. FDI 与中国企业出口产品质量升级——基于上下游产业关联的微观检验 [J]. 金融研究, 2018 (06): 91-108.

[64] 李小平, 周记顺, 卢现祥, 胡久凯. 出口的"质"影响了出口的"量"吗? [J]. 经济研究, 2015, 50 (08): 114-129.

[65] 李小平, 朱钟棣. 中国工业行业的全要素生产率测算: 基于分行业面板数据的研究 [J]. 管理世界, 2005 (04): 56-64.

[66] 李秀芳, 施炳展. 补贴是否提升了企业出口产品质量? [J]. 中南财经政法大学学报, 2013 (04): 139-148.

[67] 李旭超, 鲁建坤, 金祥荣. 僵尸企业与税负扭曲 [J]. 管理世界, 2018, 34 (04): 127-139.

[68] 李艳, 杨汝岱. 地方国企依赖、资源配置效率改善与供给侧改革 [J]. 经济研究, 2018, 53 (02): 80-94.

[69] 李子联, 陈强. 中国对外贸易的疫情冲击效应 [J]. 现代经济探讨, 2021 (04): 75-82.

[70] 梁泳梅, 董敏杰, 张其仔. 产能利用率测算方法: 一个文献综

述 [J]. 经济管理, 2014, 36 (11): 190 - 199.

[71] 廖显春, 耿伟. 要素价格市场扭曲推动了中国企业的出口增长吗 [J]. 山西财经大学学报, 2015, 37 (03): 1 - 10.

[72] 林令涛, 刘海洋, 逯宇铎. 进口中间品、技术匹配与企业出口能力 [J]. 经济科学, 2019 (05): 31 - 43.

[73] 林毅夫, 刘培林. 地方保护和市场分割: 从发展战略的角度考察 [D]. 北京: 北京大学中国经济研究中心, 2004.

[74] 林毅夫, 孙希芳. 信息、非正规金融与中小企业融资 [J]. 经济研究, 2005 (07): 35 - 44.

[75] 林毅夫, 孙希芳. 银行业结构与经济增长 [J]. 经济研究, 2008, 43 (09): 31 - 45.

[76] 林毅夫, 巫和懋, 邢亦青. "潮涌现象" 与产能过剩的形成机制 [J]. 经济研究, 2010, 45 (10): 4 - 19.

[77] 刘灿雷, 康茂楠, 邱立成. 外资进入与内资企业利润率: 来自中国制造业企业的证据 [J]. 世界经济, 2018, 41 (11): 98 - 120.

[78] 刘鹤. 加快构建以国内大循环为主体、国内国际双循环相互促进的新发展格局 [N]. 人民日报, 2020 - 11 - 25 (006).

[79] 刘婧宇, 夏炎, 林师模, 吴洁, 范英. 基于金融 CGE 模型的中国绿色信贷政策短中长期影响分析 [J]. 中国管理科学, 2015, 23 (04): 46 - 52.

[80] 刘军. "出口—产能假说" 与中国企业适用性 [J]. 财贸经济, 2016 (11): 110 - 125.

[81] 刘啟仁, 铁瑛. 企业雇佣结构、中间投入与出口产品质量变动之谜 [J]. 管理世界, 2020, 36 (03): 1 - 23.

[82] 刘晴, 程玲, 邵智, 陈清萍. 融资约束、出口模式与外贸转型升级 [J]. 经济研究, 2017, 52 (05): 75 - 88.

[83] 刘尚希, 樊轶侠, 封北麟. "去产能" 财政政策分析、评估及建议 [J]. 经济纵横, 2018 (01): 2, 81 - 91.

[84] 刘小玄, 李双杰. 制造业企业相对效率的度量和比较及其外生决定因素 (2000—2004) [J]. 经济学 (季刊), 2008 (03): 843 - 868.

[85] 刘晓宁, 刘磊. 贸易自由化对出口产品质量的影响效应——基于

中国微观制造业企业的实证研究 [J]. 国际贸易问题，2015（08）：14-23.

[86] 刘怡，耿纯. 出口退税对出口产品质量的影响 [J]. 财政研究，2016（05）：2-17.

[87] 刘志彪. 基于内需的经济全球化：中国分享第二波全球化红利的战略选择 [J]. 南京大学学报（哲学·人文科学·社会科学版），2012，49（02）：51-59，159.

[88] 刘竹青，佟家栋. 要素市场扭曲、异质性因素与中国企业的出口——生产率关系 [J]. 世界经济，2017，40（12）：76-97.

[89] 柳庆刚，姚洋. 地方政府竞争和结构失衡 [J]. 世界经济，2012，35（12）：3-22.

[90] 卢锋. 标本兼治产能过剩 [J]. 中国改革，2010（05）：88-91，119.

[91] 陆利平，邱穆青. 商业信用与中国工业企业出口扩张 [J]. 世界经济，2016，39（06）：149-167.

[92] 罗能生，刘文彬，王玉泽. 杠杆率、企业规模与企业创新 [J]. 财经理论与实践，2018，39（06）：112-118.

[93] 马红旗，黄桂田，王韧，申广军. 我国钢铁企业产能过剩的成因及所有制差异分析 [J]. 经济研究，2018，53（03）：94-109.

[94] 马军，窦超. 我国钢铁行业产能利用率的测度及产能过剩影响因素分析 [J]. 经济问题，2017（02）：85-90.

[95] 马述忠，张洪胜. 集群商业信用与企业出口——对中国出口扩张奇迹的一种解释 [J]. 经济研究，2017，52（01）：13-27.

[96] 马新啸，汤泰劼，郑国坚. 混合所有制改革能化解国有企业产能过剩吗？[J]. 经济管理，2021，43（02）：38-55.

[97] 毛海涛，钱学锋，张洁. 中国离贸易强国有多远：基于标准化贸易利益视角 [J]. 世界经济，2019，42（12）：3-26.

[98] 毛其淋，盛斌. 贸易自由化与中国制造业企业出口行为："入世"是否促进了出口参与？[J]. 经济学（季刊），2014，13（02）：647-674.

[99] 毛其淋，盛斌. 中国制造业企业的进入退出与生产率动态演化 [J]. 经济研究，2013，48（04）：16-29.

[100] 聂辉华，江艇，杨汝岱. 中国工业企业数据库的使用现状和潜

在问题 [J]. 世界经济, 2012, 35 (05): 142 - 158.

[101] 潘文轩. 化解过剩产能引发负面冲击的总体思路与对策框架 [J]. 财经科学, 2016 (05): 63 - 73.

[102] 钱爱民, 付东. 信贷资源配置与企业产能过剩——基于供给侧视角的成因分析 [J]. 经济理论与经济管理, 2017 (04): 30 - 41.

[103] 饶品贵, 姜国华. 货币政策、信贷资源配置与企业业绩 [J]. 管理世界, 2013 (03): 12 - 22, 47, 187.

[104] 茹玉骢, 李燕. 电子商务与中国企业出口行为: 基于世界银行微观数据的分析 [J]. 国际贸易问题, 2014 (12): 3 - 13.

[105] 邵朝对, 苏丹妮. 产业集聚与企业出口国内附加值: GVC 升级的本地化路径 [J]. 管理世界, 2019, 35 (08): 9 - 29.

[106] 邵敏, 包群. 出口企业转型与企业的经营表现 [J]. 统计研究, 2011, 28 (10): 76 - 83.

[107] 邵玉君. FDI、OFDI 与国内技术进步 [J]. 数量经济技术经济研究, 2017, 34 (09): 21 - 38.

[108] 申广军, 陈斌开, 杨汝岱. 减税能否提振中国经济? ——基于中国增值税改革的实证研究 [J]. 经济研究, 2016, 51 (11): 70 - 82.

[109] 沈国兵, 黄铄珺. 行业生产网络中知识产权保护与中国企业出口技术含量 [J]. 世界经济, 2019, 42 (09): 76 - 100.

[110] 沈国兵, 于欢. 企业参与垂直分工、创新与中国企业出口产品质量提升 [J]. 广东社会科学, 2019 (06): 13 - 23, 252.

[111] 沈坤荣, 钦晓双, 孙成浩. 中国产能过剩的成因与测度 [J]. 产业经济评论, 2012, 11 (04): 1 - 26.

[112] 盛斌, 魏方. 新中国对外贸易发展 70 年: 回顾与展望 [J]. 财贸经济, 2019, 40 (10): 34 - 49.

[113] 盛斌, 赵文涛. 地区全球价值链、市场分割与产业升级——基于空间溢出视角的分析 [J]. 财贸经济, 2020, 41 (09): 131 - 145.

[114] 盛丹, 张慧玲. 环境管制与我国的出口产品质量升级——基于两控区政策的考察 [J]. 财贸经济, 2017, 38 (08): 80 - 97.

[115] 施炳展, 邵文波. 中国企业出口产品质量测算及其决定因素——培育出口竞争新优势的微观视角 [J]. 管理世界, 2014 (09): 90 - 106.

[116] 施炳展, 冼国明. 要素价格扭曲与中国工业企业出口行为 [J]. 中国工业经济, 2012 (02): 47-56.

[117] 施炳展. 互联网与国际贸易——基于双边双向网址链接数据的经验分析 [J]. 经济研究, 2016, 51 (05): 172-187.

[118] 史丹. "十四五"时期中国工业发展战略研究 [J]. 中国工业经济, 2020 (02): 5-27.

[119] 史贞. 产能过剩治理的国际经验及对我国的启示 [J]. 经济体制改革, 2014 (04): 154-158.

[120] 宋凌云, 王贤彬. 重点产业政策、资源重置与产业生产率 [J]. 管理世界, 2013 (12): 63-77.

[121] 苏丹妮, 盛斌, 邵朝对. 产业集聚与企业出口产品质量升级 [J]. 中国工业经济, 2018 (11): 117-135.

[122] 孙灵燕, 李荣林. 融资约束限制中国企业出口参与吗? [J]. 经济学 (季刊), 2012, 11 (01): 231-252.

[123] 孙浦阳, 侯欣裕, 盛斌. 服务业开放、管理效率与企业出口 [J]. 经济研究, 2018, 53 (07): 136-151.

[124] 唐丹丹, 阮伟华. 政府补贴提高了企业出口产品质量吗——基于地区制度条件下的分析 [J]. 国际经贸探索, 2019, 35 (06): 49-66.

[125] 铁瑛, 何欢浪. "雪中送炭"抑或"锦上添花": 地方金融发展、金融脆弱度与出口关系稳定度 [J]. 统计研究, 2020, 37 (07): 42-53.

[126] 佟家栋, 刘竹青. 地理集聚与企业的出口抉择: 基于外资融资依赖角度的研究 [J]. 世界经济, 2014, 37 (07): 67-85.

[127] 汪芳, 夏湾. 产能过剩、政府规制与制造业升级——基于行业面板数据的实证分析 [J]. 中国科技论坛, 2019 (01): 46-56.

[128] 王博, 张晓玫, 卢露. 网络借贷是实现普惠金融的有效途径吗——来自"人人贷"的微观借贷证据 [J]. 中国工业经济, 2017 (02): 98-116.

[129] 王贵东. 中国制造业企业的垄断行为: 寻租型还是创新型 [J]. 中国工业经济, 2017 (03): 83-100.

[130] 王桂军. "抑制型"产业政策促进企业创新了吗? ——基于中国去产能视角的经验研究 [J]. 南方经济, 2019 (11): 1-15.

[131] 王丽, 黄德海. 新冠肺炎疫情对中国外贸出口的影响及应对建议 [J]. 价格月刊, 2021 (03): 52 - 58.

[132] 王涛生. 中国出口产品质量对出口竞争新优势的影响研究 [J]. 经济学动态, 2013 (01): 80 - 87.

[133] 王万珺, 刘小玄. 为什么僵尸企业能够长期生存 [J]. 中国工业经济, 2018 (10): 61 - 79.

[134] 王维薇, 李荣林. 全球生产网络背景下中间产品进口对出口的促进作用——基于对中国电子行业的考察 [J]. 南开经济研究, 2014 (06): 74 - 90.

[135] 王文, 牛泽东. 资源错配对中国工业全要素生产率的多维影响研究 [J]. 数量经济技术经济研究, 2019, 36 (03): 20 - 37.

[136] 王文, 孙早, 牛泽东. 产业政策、市场竞争与资源错配 [J]. 经济学家, 2014 (09): 22 - 32.

[137] 王文甫, 明娟, 岳超云. 企业规模、地方政府干预与产能过剩 [J]. 管理世界, 2014 (10): 17 - 36, 46.

[138] 王孝松, 翟光宇, 林发勤. 反倾销对中国出口的抑制效应探究 [J]. 世界经济, 2015, 38 (05): 36 - 58.

[139] 王永进, 匡霞, 邵文波. 信息化、企业柔性与产能利用率 [J]. 世界经济, 2017, 40 (01): 67 - 90.

[140] 王永进, 孟珊珊. 语言网络与企业出口——基于扩展引力视角的研究 [J]. 中南财经政法大学学报, 2020 (06): 132 - 142.

[141] 王永进, 盛丹. 地理集聚会促进企业间商业信用吗? [J]. 管理世界, 2013 (01): 101 - 114, 188.

[142] 王永钦, 李蔚, 戴芸. 僵尸企业如何影响了企业创新? ——来自中国工业企业的证据 [J]. 经济研究, 2018, 53 (11): 99 - 114.

[143] 王自锋, 白玥明. 产能过剩引致对外直接投资吗? ——2005 ~ 2007 年中国的经验研究 [J]. 管理世界, 2017 (08): 27 - 35, 63.

[144] 魏琪嘉. 产能过剩治理机制研究 [M]. 北京: 北京交通大学出版社, 2014.

[145] 巫强, 余鸿晖. 中国制造业企业出口模式选择研究: 基于市场势力和生产率的视角 [J]. 南京社会科学, 2019 (08): 11 - 21.

[146] 吴利学, 叶素云, 傅晓霞. 中国制造业生产率提升的来源: 企业成长还是市场更替? [J]. 管理世界, 2016 (06): 22 – 39.

[147] 吴先明, 苏志文. 将跨国并购作为技术追赶的杠杆: 动态能力视角 [J]. 管理世界, 2014 (04): 146 – 164.

[148] 武力超, 刘莉莉. 信贷约束对企业中间品进口的影响研究——基于世界银行微观企业调研数据的实证考察 [J]. 经济学动态, 2018 (03): 63 – 79.

[149] 习近平. 把握新发展阶段, 贯彻新发展理念, 构建新发展格局 [J]. 求是, 2021 (09).

[150] 席鹏辉, 梁若冰, 谢贞发, 苏国灿. 财政压力、产能过剩与供给侧改革 [J]. 经济研究, 2017, 52 (09): 86 – 102.

[151] 谢申祥, 刘培德, 王孝松. 价格竞争、战略性贸易政策调整与企业出口模式选择 [J]. 经济研究, 2018, 53 (10): 127 – 141.

[152] 徐保昌, 谢建国. 市场分割与企业生产率: 来自中国制造业企业的证据 [J]. 世界经济, 2016, 39 (01): 95 – 122.

[153] 徐齐利, 范合君. 产能过剩: 概念界定、研究谱系与理论架构 [J]. 当代经济科学, 2018, 40 (06): 49 – 59, 128.

[154] 徐业坤, 马光源. 地方官员变更与企业产能过剩 [J]. 经济研究, 2019, 54 (05): 129 – 145.

[155] 许和连, 王海成. 最低工资标准对企业出口产品质量的影响研究 [J]. 世界经济, 2016, 39 (07): 73 – 96.

[156] 许家云, 毛其淋, 胡鞍钢. 中间品进口与企业出口产品质量升级: 基于中国证据的研究 [J]. 世界经济, 2017, 40 (03): 52 – 75.

[157] 许家云, 佟家栋, 毛其淋. 人民币汇率变动、产品排序与多产品企业的出口行为——以中国制造业企业为例 [J]. 管理世界, 2015 (02): 17 – 31.

[158] 许明. 市场竞争、融资约束与中国企业出口产品质量提升 [J]. 数量经济技术经济研究, 2016, 33 (09): 40 – 57.

[159] 许统生, 方玉霞. 可加贸易成本的估计及对出口的影响 [J]. 经济科学, 2020 (04): 33 – 45.

[160] 阎虹戎, 严兵. 中非产能合作效应研究——基于产能利用率的

视角 [J]. 国际贸易问题, 2021 (03): 17 - 31.

[161] 阳佳余. 融资约束与企业出口行为: 基于工业企业数据的经验研究 [J]. 经济学 (季刊), 2012, 11 (04): 1503 - 1524.

[162] 杨连星, 张杰, 金群. 金融发展、融资约束与企业出口的三元边际 [J]. 国际贸易问题, 2015 (04): 95 - 105.

[163] 杨其静, 吴海军. 产能过剩、中央管制与地方政府反应 [J]. 世界经济, 2016, 39 (11): 126 - 146.

[164] 杨汝岱. 中国制造业企业全要素生产率研究 [J]. 经济研究, 2015, 50 (02): 61 - 74.

[165] 杨勇, 刘思婕, 陈艳艳. "FTA 战略" 是否提升了中国的出口产品质量? [J]. 世界经济研究, 2020 (10): 63 - 75, 136.

[166] 殷保达. 中国产能过剩治理的再思考 [J]. 经济纵横, 2012 (04): 82 - 85.

[167] 殷德生. 中国入世以来出口产品质量升级的决定因素与变动趋势 [J]. 财贸经济, 2011 (11): 31 - 38.

[168] 于洪霞, 龚六堂, 陈玉宇. 出口固定成本融资约束与企业出口行为 [J]. 经济研究, 2011, 46 (04): 55 - 67.

[169] 余东华, 吕逸楠. 政府不当干预与战略性新兴产业产能过剩——以中国光伏产业为例 [J]. 中国工业经济, 2015 (10): 53 - 68.

[170] 余东华, 邱璞. 产能过剩、进入壁垒与民营企业行为波及 [J]. 改革, 2016 (10): 54 - 64.

[171] 余东华, 孙婷. 环境规制、技能溢价与制造业国际竞争力 [J]. 中国工业经济, 2017 (05): 35 - 53.

[172] 余静文, 彭红枫, 李濛西. 对外直接投资与出口产品质量升级: 来自中国的经验证据 [J]. 世界经济, 2021, 44 (01): 54 - 80.

[173] 余静文. 企业国有化中的政府角色 [J]. 中国工业经济, 2018 (03): 155 - 173.

[174] 余淼杰, 崔晓敏. 中国的产能过剩及其衡量方法 [J]. 学术月刊, 2016, 48 (12): 52 - 62.

[175] 余淼杰, 金洋, 张睿. 工业企业产能利用率衡量与生产率估算 [J]. 经济研究, 2018, 53 (05): 56 - 71.

[176] 余淼杰，王雅琦. 人民币汇率变动与企业出口产品决策 [J]. 金融研究，2015（04）：19–33.

[177] 余淼杰，张睿. 人民币升值对出口质量的提升效应：来自中国的微观证据 [J]. 管理世界，2017（05）：28–40，187.

[178] 喻美辞，蔡宏波. 出口产品质量与技能溢价：理论机制及中国证据 [J]. 统计研究，2019，36（08）：60–73.

[179] 张川川. 出口对就业、工资和收入不平等的影响——基于微观数据的证据 [J]. 经济学（季刊），2015，14（04）：1611–1630.

[180] 张国峰，王永进，李坤望. 产业集聚与企业出口：基于社交与沟通外溢效应的考察 [J]. 世界经济，2016，39（02）：48–74.

[181] 张杰，陈志远，吴书凤，孙文浩. 对外技术引进与中国本土企业自主创新 [J]. 经济研究，2020，55（07）：92–105.

[182] 张杰，翟福昕，周晓艳. 政府补贴、市场竞争与出口产品质量 [J]. 数量经济技术经济研究，2015，32（04）：71–87.

[183] 张杰，宋志刚. 供给侧结构性改革中"去产能"面临的困局、风险及对策 [J]. 河北学刊，2016，36（04）：123–129.

[184] 张杰，郑文平. 政府补贴如何影响中国企业出口的二元边际 [J]. 世界经济，2015，38（06）：22–48.

[185] 张杰，周晓艳，郑文平，芦哲. 要素市场扭曲是否激发了中国企业出口 [J]. 世界经济，2011，34（08）：134–160.

[186] 张杰. 金融抑制、融资约束与出口产品质量 [J]. 金融研究，2015（06）：64–79.

[187] 张林. 中国式产能过剩问题研究综述 [J]. 经济学动态，2016（09）：90–100.

[188] 张明哲. 化解产能过剩的国际经验分析 [J]. 时代金融，2013（30）：329–330.

[189] 张明志，铁瑛. 工资上升对中国企业出口产品质量的影响研究 [J]. 经济学动态，2016（09）：41–56.

[190] 张鹏杨，李众宜，毛海涛. 产业政策如何影响企业出口二元边际 [J]. 国际贸易问题，2019（07）：47–62.

[191] 张群，冯梅，于可慧. 中国钢铁产业产能过剩的影响因素分析

[J]. 数理统计与管理, 2014, 33 (02): 191 – 202.

[192] 张少东, 王道平, 范小云. "去产能" 与我国系统性风险防范 [J]. 经济学动态, 2020 (10): 110 – 125.

[193] 张少华, 蒋伟杰. 中国的产能过剩: 程度测算与行业分布 [J]. 经济研究, 2017, 52 (01): 89 – 102.

[194] 张天华, 邓宇铭. 开发区、资源配置与宏观经济效率——基于中国工业企业的实证研究 [J]. 经济学 (季刊), 2020, 19 (04): 1237 – 1266.

[195] 张先锋, 蒋慕超, 刘有璐, 吴飞飞. 化解过剩产能的路径: 出口抑或对外直接投资 [J]. 财贸经济, 2017, 38 (09): 63 – 78.

[196] 张洋. 政府补贴提高了中国制造业企业出口产品质量吗 [J]. 国际贸易问题, 2017 (04): 27 – 37.

[197] 赵昌文, 许召元, 袁东, 廖博. 当前我国产能过剩的特征、风险及对策研究——基于实地调研及微观数据的分析 [J]. 管理世界, 2015 (04): 1 – 10.

[198] 赵卿, 曾海舰. 产业政策管控能够提升产能利用率吗?——基于双重差分模型的实证检验 [J]. 中国经济问题, 2018 (02): 46 – 57.

[199] 赵英. 提高我国制造业国际竞争力的技术标准战略研究 [J]. 中国工业经济, 2007 (04): 38 – 45.

[200] 郑腾飞, 赵玉奇. 要素市场扭曲、交通基础设施改善与企业出口 [J]. 南方经济, 2019 (04): 23 – 40.

[201] 郑毓盛, 李崇高. 中国地方分割的效率损失 [J]. 中国社会科学, 2003 (01): 64 – 72, 205.

[202] 钟春平, 潘黎. "产能过剩" 的误区——产能利用率及产能过剩的进展、争议及现实判断 [J]. 经济学动态, 2014 (03): 35 – 47.

[203] 周开国, 闫润宇, 杨海生. 供给侧结构性改革背景下企业的退出与进入: 政府和市场的作用 [J]. 经济研究, 2018, 53 (11): 81 – 98.

[204] 周瑞辉. 体制扭曲的产能出口门限假说: 以产能利用率为门限值 [J]. 世界经济研究, 2015 (04): 80 – 94, 112, 129.

[205] 朱小明, 宋华盛. 目的国需求、企业创新能力与出口质量 [J]. 世界经济研究, 2019 (07): 13 – 28, 134.

［206］诸竹君，黄先海，王煌. 僵尸企业如何影响企业加成率——来自中国工业企业的证据［J］. 财贸经济，2019，40（06）：131－146.

［207］祝树金，赵玉龙. 资源错配与企业的出口行为——基于中国工业企业数据的经验研究［J］. 金融研究，2017（11）：49－64.

［208］Abrahamson E. and Rosenkopf L. Institutional and Competitive Bandwagons：Using Mathematical Modeling as a Tool to Explore Innovation Diffusion［J］. Academy of Management Review，1993，18（03）：487－517.

［209］Aghion P. Bloom N. Blundell R. Griffith R. and Howitt P. Competition and Innovation：An Inverted U Relationship［J］. The Quarterly Journal of Economics，2005，120（02）：701－728.

［210］Ahmed H. and Hamid N. Patterns of Export Diversification：Evidence from Pakistan［J］. The Lahore Journal of Economics，2014（19）：307－326.

［211］Ahmed M. I. and Cassou S. P. Threshold Cointegration between Inflation and US Capacity Utilization［J］. Applied Economics，2016：1－14.

［212］Ahn J. B. Amiti M. and Weinstein D. E. Trade Finance and the Great Trade Collapse［J］. The American Economic Review，2011，101（03）：298－302.

［213］Alex J. A. and Mcquoid E. F. Capacity Constrained Exporters：Micro Evidence and Macro Implications［R］. Florida International University working papers No. 1301，2013.

［214］Almeida H. and Wolfenzon D. The Effect of External Finance on the Equilibrium Allocation of Capital［J］. Social Science Electronic Publishing，2005，75（01）：133－164.

［215］Amiti M. and Khandelwal A. K. Import Competition and Quality Upgrading［J］. Review of Economics and Statistics，2013，95（02）：476－490.

［216］Andersson M. Entry Costs and Adjustments on the Extensive Margin-An Analysis of How Familiarity Breeds Exports［R］. Working Paper Series in Economics and Institutions of Innovation，2007.

［217］Angkinand A. P. and Chiu E. M. P. Will Institutional Reform En-

hance Bilateral Trade Flows? Analyses from Different Reform Aspects [J].
Journal of Economic Policy Reform, 2011, 14 (03): 243 – 258.

[218] Anthonyde C. Naoki S. and Filipe S. Excess Capacity in the Global
Steel Industry and the Implications of New Investment Projects [J]. OECD Sci-
ence Technology & Industry Policy Papers, 2015, 18 (18): 2 – 23.

[219] Antoniades A. Heterogeneous Firms, Quality, and Trade [J].
Journal of International Economics, 2015, 95 (02): 263 – 273.

[220] Aristei D. and Franco C. The Role of Credit Constraints on Firms'
Exporting and Importing Activities [J]. Industrial and Corporate Change,
2014, 23 (06): 1493 – 1522.

[221] Auer R. and Chaney T. Exchange Rate Pass-Through in a Competi-
tive Model of Pricing-to-Market [J]. Journal of Money, Credit and Banking,
2009, 41 (01): 151 – 175.

[222] Baily M. N. Hulten C. and Campbell D. Productivity Dynamics in
Malnufcacturing Plants [J]. Brookings Papers on Economic Activity: Microeco-
nomics, 1992 (04): 187 – 267.

[223] Baldwin J. R. and Gu W. Plant Turnover and Productivity Growth in Ca-
nadian Manufacturing [J]. Industrial and Corporate Change, 2006, 15 (03):
417 – 465.

[224] Baldwin R. and Harrigan J. Zeros Quality and Space: Trade Theory
and Trade Evidence [R]. NBER Working Papers, 2007.

[225] Banerjee A. V. A Simple Model of Herd Behavior [J]. The Quar-
terly Journal of Economics, 1992, 107 (03): 797 – 817.

[226] Bas M. Trade Foreign Inputs and Firms' Decisions: Theory and Evi-
dence [R]. Working Papers, 2009.

[227] Bas M. and Strauss-Kahn, V. Input-trade Liberalization, Export
Prices and Quality Upgrading [J]. Journal of International Economics, 2015,
95 (02): 250 – 262.

[228] Beck T. Levine R. and Levkov A. Big Bad Banks? The Winners
and Losers from Bank Deregulation in the United States [J]. The Journal of Fi-
nance, 2010, 65 (05): 1637 – 1667.

［229］ Belke A. Oeking A. and Setzer R. Domestic Demand, Capacity Constraints and Exporting Dynamics: Empirical Evidence for Vulnerable Euro Area Countries ［J］. Economic Modelling, 2015 (48): 315 – 325.

［230］ Belton W. J. and Cebula R. J. Capacity Utilization Rates and Unemployment Rates: Are They Complements or Substitutes in Warning about Future Inflation? ［J］. Applied Economics, 2000, 32 (14): 1853 – 1864.

［231］ Berman N. and Héricourt J. Financial Factors and the Margins of Trade: Evidence from Cross-country Firm-level Data ［J］. Journal of Development Economics, 2010, 93 (02): 206 – 217.

［232］ Bernard A. B. Redding S. J. and Schott P. K. Multiproduct Firms and Trade Liberalization ［J］. The Quarterly Journal of Economics, 2011, 126 (03): 1271 – 1318.

［233］ Bernini M. Guillou S. and Bellone F. Firms Leverage and Export Quality Evidence from France ［R］. Working Papers, 2013.

［234］ Bhattacharyya S. Dowrick S. and Golley J. Institutions and Trade: Competitors or Complements in Economic Development? ［J］. Economic Record, 2010, 85 (03): 318 – 330.

［235］ Blonigen B. A. and Wilson W. W. Foreign Subsidization and Excess Capacity ［J］. Journal of International Economics, 2010 (80): 200 – 211.

［236］ Braguinsky S. Ohyama A. Okazaki T. and Syverson C. Acquisitions, Productivity, and Profitability: Evidence from the Japanese Cotton Spinning Industry ［J］. American Economic Review, 2015, 105 (07): 2086 – 2119.

［237］ Brambilla I. and Porto G. G. High-income Export Destinations, Quality and Wages ［J］. Journal of International Economics, 2016 (98): 21 – 35.

［238］ Brandt L. Biesebroeck J. V. and Zhang Y. Creative Accounting or Creative Destruction? Firm-level Productivity Growth in Chinese Manufacturing ［J］. Journal of Development Economics, 2012, 97 (02): 339 – 351.

［239］ Brandt L. Van Biesebroeck J Wang L. and Zhang Y. WTO Accession and Performance of Chinese Manufacturing Firms ［J］. American Economic Review, 2017, 107 (09): 2784 – 2820.

[240] Broda C. Greenfield J. and Weinstein D. From Groundnuts to Globalization: A Structural Estimate of Trade and Growth [R]. NBER Working Paper, 2006.

[241] Cai H. and Liu Q. Competition and Corporate Tax Avoidance: Evidence from Chinese Industrial Firms [J]. Economic Journal, 2009, 119 (537): 764 - 795.

[242] Capron L. and Chatain O. Competitors' Resource-Oriented Strategies: Acting on Competitors' Resources Through Interventions in Factor Markets and Political Markets [J]. Academy of Management Review, 2008, 33 (01): 97 - 121.

[243] Cassels J. M. Excess Capacity and Monopolistic Competition [J]. The Quarterly Journal of Economics, 1937, 51 (03): 426 - 443.

[244] Cavusgil S. T. and Zou S. Marketing Strategy-performance Relationship: An Investigation of the Empirical Link in Export Market Ventures [J]. Journal of Marketing, 1994 (58): 1 - 21.

[245] Chaney T. Distorted Gravity: The Intensive and Extensive Margins of International Trade [J]. American Economic Review, 2008, 98 (04): 1707 - 1721.

[246] Chaney T. Liquidity Constrained Exporters [J]. Journal of Economic Dynamics & Control, 2016, 72: 141 - 154.

[247] Cheung Y. and Sengupta R. Impact of Exchange Rate Movements On Exports: An Analysis of Indian Non-Financial Sector Firms [J]. Journal of International Money and Finance, 2013 (39): 231 - 245.

[248] Choi K. and Lee D. J. Do Firms Choose Overcapacity or Undercapacity in a Vertical Structure? [J]. Managerial and Decision Economics, 2020, 41 (05): 839 - 847.

[249] Ciani A. and Bartoli F. Export Quality Upgrading under Credit Constraints [R]. DICE Discussion Papers, 2015.

[250] Corrado C. and Mattey J. Capacity Utilization [J]. Journal of Economic Perspectives, 1997, 11 (01): 151 - 167.

[251] Crinò R. and Epifani P. Productivity, Quality, and Export Intensi-

ties [R]. Working Papers, 2010.

[252] Crino R. and Ogliari L. Financial Imperfections, Product Quality, and International Trade [J]. Journal of International Economics, 2016, 104: 63 – 84.

[253] Cyrielle G. Trade Liberalization and Export Performance: A Literature Review [J]. Revue Déconomie Politique, 2017, 127 (01): 25 – 46.

[254] Dagdeviren H. Structural Constraints and Excess Capacity: An International Comparison of Manufacturing Firms [J]. Development Policy Review, 2016, 34 (05): 623 – 641.

[255] Dixit A. K. and Pindyck R. S. Investment under Uncertainty [J]. Economics Books, 1994, 39 (05): 659 – 681.

[256] Duflo E. Mullainathan S. and Bertrand M. How Much Should We Trust Differences-in-Differences Estimates [J]. Quarterly Journal of Economics, 2004, 119 (01): 249 – 275.

[257] Eaton J. Eslava M. Kugler M. and Tybout J. Export Dynamics in Colombia: Firm-Level Evidence [R]. Working Paper Series, 2008.

[258] Eck K. Engemann M. and Schnitzer M. How Trade Credits Foster Exporting [J]. Review of World Economics, 2014, 151 (01): 73 – 101.

[259] Elhanan H. Marc M. and Yona R. Estimating Trade Flows: Trading Partners and Trading Volumes [J]. Quarterly Journal of Economics, 2008, 123 (02): 441 – 487.

[260] Fan H. Lai Edwin L. C. and Li Y. A. Credit Constraints, Quality, and Export Prices: Theory and Evidence from China [J]. Journal of Comparative Economics, 2015, 43 (02): 390 – 416.

[261] Fan H. Li Y. A. and Yeaple S. R. Trade Liberalization, Quality, and Export Prices [J]. Review of Economics and Statistics, 2015, 97 (05): 1033 – 1051.

[262] Fare R. Grosskopf S. and Edward C. K. Measuring Plant Capacity Utilization and Technical Change: A Nonparametric Approach [J]. International Economic Review, 1989, 30 (03): 655 – 666.

[263] Faruq H. A. Impact of Technology and Physical Capital on Export

Quality [J]. Journal of Developing Areas, 2010, 44 (01): 167 – 185.

[264] Feenstra R. C. and Romalis J. International Prices and Endogenous Quality [J]. The Quarterly Journal of Economics, 2014, 129 (02): 477 – 527.

[265] Feng L. Li Z. and Swenson D. L. The Connection between Imported Intermediate Inputs and Exports: Evidence from Chinese Firms [J]. Journal of International Economics, 2016 (101): 86 – 101.

[266] Fontagné L. and Orefice G. Let's Try Next Door: Technical Barriers to Trade and Multi-destination Firms [J]. European Economic Review, 2018 (101): 643 – 663.

[267] Foss M. F. The Utilization of Capital Equipment: Postwar Compared with Prewar [J]. Survey of Current Bussiness, 1963 (43): 8 – 16.

[268] Foster L. Haltiwanger J. C. and Krizan C. J. Aggregate Productivity Growth: Lessons from Microeconomic Evidence [R]. New Developments in Productivity Analysis, University of Chicago Press, 2001.

[269] Foster R. Steeling the "Developmental State"? The Comparative Political Economy of Industrial Policy and State-Business Relations in the Chinese and Japanese Steel Industries [J]. International Journal of Economics & Business Research, 2012, 4 (06): 704 – 718.

[270] French M. Structural Change and Competition in the United States Tire Industry, 1920 – 1937 [J]. Business History Review, 1986, 60 (01): 28 – 54.

[271] Gan L. Hernandez M. A. and Ma S. The Higher Costs of Doing Business in China: Minimum Wages and Firms' Export Behavior [J]. Journal of International Economics, 2016 (100): 81 – 94.

[272] Garcia S. and Newton C. Current Situation, Trends and Prospects in World Capture fisheries [C]. 1997.

[273] Garofalo G. A. and Malhotra D. M. Regional Measures of Capacity Utilization in the 1980s [J]. Review of Economics and Statistics, 1997, 79 (03): 415 – 421.

[274] Gentzkow M. Television and Voter Turnout [J]. Quarterly Journal

of Economics, 2006, 121 (03): 931 -972.

[275] Griliches Z. and Regev H. Firm Productivity in Israeli Industry: 1979 -1988 [J]. Journal of Econometrics, 1995, 65 (01): 175 -203.

[276] Gross T. and Verani S. Financing Constraints, Firm Dynamics, and International Trade [R]. Social Science Electronic Publishing, 2013.

[277] Haddad M. Harrison A. and Hausman C. Decomposing the Great Trade Collapse: Products, Prices, and Quantities in the 2008 - 2009 Crisis [R]. Policy Research Working Paper, 2011.

[278] Hallak J. C. Estimating Cross-Country Differences in Product Quality [J]. The Quarterly Journal of Economics, 2011, 126 (01): 417 -474.

[279] Hallak J. C. Product Quality and the Direction of Trade [J]. Journal of International Economics, 2006, 68 (01): 238 -265.

[280] Hallak J. C. and Schott P. K. Estimating Cross-Country Differences in Product Quality [J]. Quarterly Journal of Economics, 2008, 126 (01): 417 -474.

[281] Hallak J. C. and Sivadasan J. Product and Process Productivity: Implications for Quality Choice and Conditional Exporter Premia [J]. Journal of International Economics, 2013, 91 (01): 53 -67.

[282] Haruyama T. and Zhao L. Trade and Firm Heterogeneity In A Quality-Ladder Model of Growth [R]. Discussion Paper Series, 2008.

[283] Heckman J. J. Sample Selection Bias as a Specification Error [J]. Econometorica, 1979, 47 (01): 153 -161.

[284] Helpman E. and Krugman P. Market Structure and Foreign Trade: Increasing Returns, Imperfect Competition and the International Economy [M]. Cambridge, Mass: MIT Press, 1985.

[285] Hilke J. C. Excess Capacity and Entry: Some Empirical Evidence [J]. The Jorunal of Industrial Economics, 1984, 33 (02): 233 -240.

[286] Hogan W. P. Some New Results in the Measurement of Capacity Utilization [J]. American Economic Review, 1969, 59 (01): 183 -184.

[287] Huisman K. and Kort P. M. Strategic Capacity Investment under Uncertainty [J]. The RAND Journal of Economics, 2015, 46 (02): 376 -408.

[288] Karagiannis R. A System-of-Equations Two-Stage DEA Approach for Explaining Capacity Utilization and Technical Efficiency [J]. Annals of Operations Research, 2015, 227 (01): 25 - 43.

[289] Keller W. and Yeaple S. Multinational Enterprises, International Trade, and Productivity Growth: Firm-level Evidence from the United States [J]. Review of Economics & Statistics, 2009, 91 (04): 821 - 831.

[290] Khandelwal A. K. The Long and Short of Quality Ladders [J]. Review of Economics Studies, 2010, 77 (04): 1450 - 1476.

[291] Khandelwal A. K. Schott P. K. and Wei S. J. Trade Liberalization and Embedded Institutional Reform: Evidence from Chinese Exporters [J]. The American Economic Review, 2013, 103 (06): 2169 - 2195.

[292] Kiedaisch C. Intellectual Property Rights in a Quality-ladder Model with Persistent Leadership [J]. European Economic Review, 2015 (80): 194 - 213.

[293] Kirkley J. Paul C. J. M. and Squires D. Capacity and Capacity Utilization in Common-Pool Resource Industries [J]. Environmental and Resource Economics, 2002, 22 (1 - 2): 71 - 97.

[294] Klein L. R. and Virginia L. Capacity Utilization: Concept, Measurement, and Recent Estimates [J]. Brookings Papers on Economic Activity, 1973, 4 (03): 743 - 764.

[295] Krugman P. R. Increasing Returns, Monopolistic Competition, and International Trade [J]. Journal of International Economics, 1979, 9 (04): 469 - 479.

[296] Kugler M. and Verhoogen E. Prices, Plant Size, and Product Quality [J]. Review of Economic Studies, 2012, 79 (01): 307 - 339.

[297] Lankhuizen M. and Groot H. D. Cultural Distance and International Trade: A Non-linear Relationship [J]. Letters in Spatial & Resource Sciences, 2016, 9 (01): 19 - 25.

[298] Lazkano I. Cost Structure and Capacity Utilisation in Multi-product Industries: An Application to the Basque Trawl Industry [J]. Environmental & Resource Economics, 2008, 41 (02): 189 - 207.

［299］ Lee S. K. and Jang S. C. Re-Examining the Overcapacity of the US Lodging Industry ［J］. International Journal of Hospitality Management, 2012, 31 （04）: 1050 – 1058.

［300］ Levchenko A. A. Institutional Quality and International Trade ［J］. The Review of Economic Studies ［J］. 2007, 74 （03）: 791 – 819.

［301］ Levinsohn J. A. and Petrin A. Estimating Production Functions Using Inputs to Control for Unobservables ［J］. Review of Economic Studies, 2003, 70 （02）: 317 – 341.

［302］ Lieberman M. B. Excess Capacity as a Barrier to Entry: An Empirical Appraisal ［J］. The Journal of Industrial Economics, 1987, 35 （04）: 607 – 627.

［303］ Liu Q. and Qiu L. D. Intermediate Input Imports and Innovations: Evidence from Chinese Firms' Patent Filings ［J］. Journal of International Economics, 2016, 103 （11）: 166 – 183.

［304］ Liu Q. Lu Y. and Zhou Y. Do Exports Respond to Exchange Rate Changes? Inference From Chinars Exchange Rate Reform ［R］. Rin, 2013, 29: 19921.

［305］ Lu Y. Tao Z. and Yu L. The Markup Effect of Agglomeration ［R］. MPRA Paper 38974, University Library of Munich, Germany, 2014.

［306］ Lu Y. Tao Z. and Zhang Y. How Do Exporters Respond to Antidumping Investigations? ［J］. Journal of International Economics, 2013, 91 （02）: 290 – 300.

［307］ Lu Y. Tao Z. and Zhu L. Identifying FDI spillovers ［J］. Journal of International Economics, 2017 （107）: 75 – 90.

［308］ Lu Y. Wang J. and Zhu L. Do Place-Based Policies Work? Micro-Level Evidence from China's Economic Zones Program ［R］. SSRN Working Paper, 2015.

［309］ Mai T. and Giang H. Estimating the Impact of Trade Cost on Export: A Case Study Vietnam ［J］. Journal of Asian Finance Economics and Business, 2018, 5 （03）: 43 – 50.

［310］ Manova K. Credit Constraints, Heterogeneous Firms, and International Trade [J]. The Review of Economic Studies, 2012, 80 (02): 711 - 744.

[311] Manova K. and Zhang Z. Export Prices across Firms and Destinations [J]. The Quarterly Journal of Economics, 2012, 127 (01): 379 - 436.

[312] Martincus C. V. and Blyde J. Shaky Roads and Trembling Exports: Assessing the Trade Effects of Domestic Infrastructure Using a Natural Experiment [J]. Journal of International Economics, 2013, 90 (01): 148 - 161.

[313] Martincus C. V. Carballo J. and Cusolito A. Roads, Exports and Employment: Evidence from a Developing Country [J]. Journal of Development Economics, 2017 (125): 21 - 39.

[314] Martincus C. V. Carballo J. Garcia P. M. and Graziano A. How do Transport Costs Affect Firms' Exports? Evidence from a Vanishing Bridge [J]. Economics Letters, 2014, 123 (02): 149 - 153.

[315] Mathis S. and Koscianski J. Excess Capacity as a Barrier to Entry in the US Titanium Industry [J]. International Journal of Industrial Organization, 1997, 15 (02): 263 - 281.

[316] Melitz M. J. The Impact of Trade on Intra-Industry Reallocations and Aggregate Industry Productivity [J]. Econometrica, 2003, 71 (06): 1695 - 1725.

[317] Melitz M. J. and Polanec S. Dynamic Olley-Pakes Productivity Decomposition with Entry and Exit [J]. Rand Journal of Economics, 2015, 46 (02): 362 - 375.

[318] Miao Z. and Li Y. Trade Cost and Export Diversification: Evidence from Chinese Firms [R]. MPRA Paper, 2017.

[319] Minetti R. and Zhu S. C. Credit Constraints and Firm Export: Microeconomic Evidence from Italy [J]. Journal of International Economics, 2015, 83 (02): 109 - 125.

[320] Morrison C. J. Primal and Dual Capacity Utilization: An Application to Productivity Measurement in the U. S. Automobile Industry [J]. Journal of Business & Economic Statistics, 1985, 3 (04): 312 - 324.

[321] Mukherjee S. and Chanda R. Financing Constraints and Exports:

Evidence from Manufacturing Firms in India [J]. Empirical Economics, 2020 (61): 309 – 337.

[322] Murphy D. Excess capacity in a fixed-cost economy [J]. European Economic Review, 2016 (91): 245 – 260.

[323] Mustafa M. and Rahman M. Capacity Utilization in the USA and Inflation: Testing for Cointegration and Granger Causality [J]. Applied Economics Letters, 2006, 2 (10): 355 – 358.

[324] Nelson R. A. On the Measurement of Capacity Utilization [J]. The Journal of Industrial Economics, 1989, 37 (03): 273 – 286.

[325] Nishimori A. and Ogawa H. Do Firms always Choose Excess Capacity [J]. Economics Bulletin, 2004, 12 (02): 1 – 7.

[326] Nouira R. Plane P. and Sekkat K. Exchange Rate Undervaluation and Manufactured Exports: A Deliberate Strategy? [J]. Journal of Comparative Economics, 2011, 39 (04): 584 – 601.

[327] Olley G. S. and Pakes A. The Dynamics Of Productivity In The Telecommunications Equipment Industry [R]. Working Papers, 1992.

[328] Ottaviano G. Peri G. and Wright G. C. Immigration, Trade and Productivity in Services: Evidence from U. K. Firms [J]. SSRN Electronic Journal, 2015 (112): 88 – 108.

[329] Palumbo A. and Trezzini A. Growth without Normal Capacity Utilization [J]. European Journal of the History of Economic Thought, 2003, 10 (01): 109 – 135.

[330] Parry T. G. Plant Size, Capacity Utilization and Economic Efficiency: Foreign Investment in the Australian Chemical Industry [J]. Economic Record, 2010, 50 (02): 218 – 244.

[331] Paul C. J. M. and Yasar M. Outsourcing, Productivity, And Input Composition At The Plant Level [J]. Canadian Journal of Economics, 2009, 42 (02): 422 – 439.

[332] Peng H. and Yu J. Absorptive Capacity and Quality Upgrading Effect of OFDI: Evidence from China [J]. Pacific Economic Review, 2021, 26 (05): 651 – 671.

[333] Porter M. E. and Linde C. V. D. Towards a New Conception of the Environment-Competitiveness Relationship [J]. Journal of Economic Perspectives, 1995, 4 (04): 97 – 118.

[334] Restuccia D. and Rogerson R. The Causes and Costs of Misallocation [J]. The Journal of Economic Perspectives, 2017, 31 (03): 151 – 174.

[335] Reynolds O. and Pohlman A. What Will the U. S. -China Relationship Look Like in the Biden Era? [J]. Harvard Business Review, 2021 (07).

[336] Roberts M. J. and Tybout J. R. The Decision to Export in Colombia: An Empirical Model of Entry with Sunk Costs [J]. The American Economic Review, 1997, 87 (04): 545 – 564.

[337] Schwartz E. Excess Capacity in Utility Industries: An Inventory Theoretic Approach [J]. Land Economics, 1984, 60 (01): 40 – 48.

[338] Segerson K. and Squires D. Measurement of Capacity Utilization for Revenue-Maximizing Firms [J]. Bulletin of Economic Research, 2010, 47 (01): 77 – 84.

[339] Shaikh A. and Moudud J. K. Measuring Capacity Utilization in OECD Countries: A Cointegration Method [R]. Economics Working Paper Archive, Levy Economics Institute, 2004.

[340] Shi X. and Xu Z. Environmental Regulation and Firm Exports: Evidence from the Eleventh Five-Year Plan in China [J]. Journal of Environmental Economics and Management, 2018 (89): 187 – 200.

[341] Takahashi Y. Estimating a War of Attrition: The Case of the US Movie Theater Industry [J]. American Economic Review, 2015, 105 (07): 2204 – 2241.

[342] Tan Y. Huang Y. and Woo W. T. Zombie Firms and the Crowding-out of Private Investment in China [J]. Asian Economic Papers, 2016, 15 (03): 32 – 55.

[343] Tao G. Distorted Factor Markets, Government Intervention, and Excess Capital Accumulation: The Case of China [J]. Theoretical Economics Letters, 2014, 4 (09): 806 – 814.

[344] Tetsuji O. Ken O. and Naoki W. Excess Capacity and Effectiveness of Policy Interventions: Evidence from the Cement Industry [R]. RIETI Discussion Paper Series18-E-012, 2018.

[345] Tian X. L. Participation in Export and Chinese Firms' Capacity Utilization [J]. The Journal of International Trade & Economic Development, 2016, 25 (05): 757 - 784.

[346] Verhoogen E. A. Trade, Quality Upgrading, and Wage Inequality in the Mexican Manufacturing Sector [J]. The Quarterly Journal of Economics, 2008, 123 (02): 489 - 530.

[347] Vestergaard N. Squires D. and Kirkley J. Measuring Capacity and Capacity Utilization in Fisheries: The Case of the Danish Gill-Net Fleet [J]. Fisheries Research (Amsterdam), 2003, 60 (03): 357 - 368.

[348] Wang L. Quality, Input Choices and Learning by Exporting: Evidence from Chinese Exporters [J]. The Quaterly Journal of Economics, 2011 (06): 346 - 389.

[349] Wang W. and Ma H. Export Strategy, Export Intensity and Learning: Integrating the Resource Perspective and Institutional Perspective [J]. Journal of World Business, 2018, 53 (04): 581 - 592.

[350] Wang Y. Wang Y. and Li K. Judicial Quality, Contract Intensity and Exports: Firm-level Evidence [J]. China Economic Review, 2014 (31): 32 - 42.

[351] Wijnbergen S. J. G. V. Excess Capicity, Monopolistic Competition, and International Transmission of Monetary Disturbances [J]. Economic Journal, 1989, 99 (397): 785 - 805.

[352] World Bank. Enterprise Surveys Database, 2013.

[353] Xu J. Mao Q. and Tong J. The Impact of Exchange Rate Movements On Multi-Product Firms' Export Performance: Evidence From China [J]. China Economic Review, 2016 (39): 46 - 62.

[354] Yu M. Processing Trade, Tariff Reductions and Firm Productivity: Evidence From Chinese Firms [J]. The Economic Journal, 2015, 125 (585): 943 - 988.

［355］ Zhang Y. Cui J. and Lu C. Does Environmental Regulation Affect Firm Exports? Evidence from Wastewater Discharge Standard in China ［J］. China Economic Review, 2020 (61): 101451.

［356］ Zhang Y. Zhang M. Liu Y. and Nie R. Enterprise Investment, Local Government Intervention and coal Overcapacity: The case of China ［J］. Energy Policy, 2017 (101): 162 – 169.